C. Emery

Viaggio Di Lamberto Loria Nella Papuasia Orientale. XVIII.

Formiche raccolte nella Nuova Guinea dal Dott. Lamberto Loria.

C. Emery

Viaggio Di Lamberto Loria Nella Papuasia Orientale. XVIII.
Formiche raccolte nella Nuova Guinea dal Dott. Lamberto Loria.

ISBN/EAN: 9783744750608

Printed in Europe, USA, Canada, Australia, Japan

Cover: Foto ©ninafisch / pixelio.de

More available books at **www.hansebooks.com**

VIAGGIO DI LAMBERTO LORIA
NELLA PAPUASIA ORIENTALE

XVIII.

FORMICHE RACCOLTE NELLA NUOVA GUINEA

DAL DOTT. LAMBERTO LORIA

DESCRITTE DA CARLO EMERY

(Tav. I)

Contemporaneamente a questa raccolta mi è pervenuta una collezione non meno importante di formiche papuane, dovute alla singolare abilità e solerzia del Signor prof. L. Biró, comunicatami dal Museo Nazionale Ungherese ([1]). Le due serie si completano a vicenda; le raccolte del Biró sono particolarmente ricche di forme minute, ottenute per mezzo del vaglio; quelle del Loria comprendono in prevalenza specie arboree, molte delle quali nuove. Noterò, tra queste, parecchie forme nuove del genere *Polyrhachis,* delle quali alcune assai vistose, due specie del genere *Dolichoderus,* notevoli per la figura strana dell' epinoto che s' innalza in una lunga protuberanza acuminata e lo splendido *Ischnomyrmex Loriai* dal torace quadrispinoso. I mirmicini dal torace quadrispinoso sembrano una specialità della Nuova Guinea, almeno vi sono più numerosi che in altre regioni.

Nel presente lavoro sono enumerate 108 tra specie, sottospecie e varietà, delle quali 32 specie, 7 sottospecie e 10 varietà nuove. Alcune altre, rappresentate, per lo più da esemplari unici e imperfettamente conservati, o non sufficientemente caratteristici sono rimaste non determinate.

Bologna, Agosto 1897.

([1]) Le formiche della raccolta Biró saranno oggetto di alcune note che vedranno la luce nelle Termeszetrajzi Füzetek, per cura del Museo Nazionale Ungherese.

PONERINAE.

1. Myopopone castanea, F. Sm.

Nuova Guinea mer." (senza località); ♀.

Genere **Rhytidoponera**, Mayr

Questo gruppo, istituito come sottogenere di *Ectatomma*, mi sembra dovere più opportunamente costituire un genere proprio. Mentre, nei veri *Ectatomma* americani (comprendo tra questi il sottog. *Gnamptogenys* e l'*E. bispinosum*, pel quale istituisco un nuovo sottogenere *Poneracantha*), la sutura promesonotale è affatto indistinta, o pure marcata soltanto da un solco che non interrompe la scultura, questa sutura costituisce nelle *Rhytidoponera* un limite netto e ben marcato tra i due segmenti. Le stigme del 2.º pajo formano, negli *Ectatomma*, sporgenze rilevanti, mentre nelle *Rhytidoponera* sono minute e appena sporgenti. L'area frontale è nettamente limitata nelle *Rhytidoponera*, rappresentata da un'impressione a limiti incerti negli *Ectatomma*. Il genere *Rhytidoponera* è proprio dell'Australia, della Nuova Guinea e delle isole vicine, e non raggiunge Selebes, nè le isole indiane.

Un gruppo neotropico molto affine è rappresentato da *Holcoponera*, che differisce da *Rhytidoponera*, nelle ♀ e ♀, per le anche posteriori fornite di spina e per la scultura speciale a solchi regolari; nella ♀ e nel ♂, per la venatura alare. Anche questo, e similmente *Stictoponera* e *Acanthoponera* sono da riguardarsi come generi distinti: essi costituiscono insieme con *Ectatomma*, *Rhytidoponera* e *Alfaria* un gruppo naturale al quale si connettono pure i generi *Typhlomyrmex* e *Prionopelta*, nonché il nuovo genere *Rhopalopone*; i suoi caratteri principali sono: l'assenza dello sperone laterale delle tibie posteriori, fornite soltanto dello sperone mediale pettinato e la posizione degli occhi, situati verso la metà dei lati del capo. Questi caratteri si ritrovano pure nel genere *Thaumatomyrmex*, il quale, per parecchi fatti singolari, differisce da tutti gli altri generi di Ponerinae. *Plectroctena* manca pure dello sperone esterno, ma per gli occhi situati molto in avanti, si connette ai generi affini a *Ponera*.

Il genere *Rhytidoponera* va diviso naturalmente in due gruppi o sottogeneri: nell' uno che designerò col nome di *Rhytidoponera* sensu str., il capo delle ☿ e ♀ è più o meno distintamente troncato indietro, spesso con una cresta trasversale sull' occipite, o con due sporgenze che ne rappresentano un residuo; gli speroni posteriori sono dritti o quasi, e brevemente pettinati; lo scapo dei ♂ è pressochè lungo quanto il 3.° articolo dell' antenna. Questo gruppo comprende le grandi specie: *R. scabra, cristata, araneoides, convexa* e affini. — Nell' altro sottogenere, pel quale propongo il nome di *Chalcoponera,* il capo delle ☿ e ♀ è posteriormente ritondato, senza vestigio di cresta, gli speroni posteriori sono flessuosi e formano nella loro porzione distale un pettine a denti più lunghi. Nei ♂, lo scapo è molto più breve del 3.° articolo. Questo sottogenere racchiude le piccole specie: *R. impressa, metallica, pulchella, scaberrima,* ecc.

2. R. subcyanea, n. sp.

☿. Picea o quasi nera, lucida, con riflesso verde metallico più o meno distinto, più volgente all' azzurro sull' addome. Capo indistintamente troncato indietro, coi lati quasi dritti, poco divergenti in avanti; la cresta trasversale dell' occipite è rappresentata da una semplice ruga più forte delle altre; gli angoli posteriori sono ritondati, però, dietro gli occhi, il contorno tende a formare un angolo sporgente; il foro occipitale è circondato da debole cercine, che si prolunga in ambi i lati con una lamella sporgente; gli occhi, benchè non grandi, sono singolarmente sporgenti e formano più che mezza sfera: il clipeo ha grosse rughe longitudinali; le lamine frontali sporgenti si prolungano indietro con una grossa ruga che forma un arco intorno all' occhio; la fronte ha 4-5 forti rughe taglienti, divergenti posteriormente, per formare dietro gli occhi degli archi irregolari ai quali fanno seguito rughe trasversali sull'occipite, longitudinali e subreticolate sulle guance; tutta questa scultura è molto grossolana e irregolare. Le mandibole sono striate, con due forti denti apicali e minuti dentelli lungo il margine masticatorio. Il torace è meno grossolanamente rugoso del capo, le sue rughe sono prevalentemente trasverse sul mesonoto e epinoto ([1]), irregolarmente reticolate sul pronoto e sui fianchi ; il dorso è debolmente impresso nella sutura meso-metatoracica ; i lati del pronoto hanno inferiormente un piccolo dente. Il primo segmento addominale, cioè il peziolo, è cilindrico in avanti, sormontato di un nodo trasverso, subsquamiforme, impresso superiormente nel mezzo, con faccia dorsale rotondata, liscio davanti e con rughe trasverse sopra, arcuate sulla faccia posteriore. Il 2.° segmento (postpeziolo) ha rughe elevate, sottili, rettilinee, ma interrotte. e irregolarmente spaziate, dirette trasversalmente ; simili rughe, ma arcuate e molto più sottili, si osservano sul 3.° segmento. Le zampe hanno brevi peli ritti, i femori sono striati trasversalmente ; le tibie e i tarsi, nonchè lo scapo delle antenne sono longitudinalmente striati. L. 11-12 mm.

Moroka. È facile a riconoscere dagli occhi fortemente sporgenti e dal colore metallico.

3. **R. araneoides**, Guil. (typica).
Isola Good Enough, N. Guinea, Hula, Ighibirei.

var. *strigosa,* Emery.
Moroka.

4. **R. (Chalcoponera) impressa**, Mayr, var. *purpurea,* Emery.
Moroka.

Rhopalopone, n. gen.

☿ e ♀. Clipeo convesso ; mandibole trigone, senza denti ; lamine frontali brevissime, mediocremente distanti fra loro ; occhi situati nel mezzo dei lati del capo, nulli nella ☿; antenne

---

([1]) Veggasi, per la nomenclatura delle parti del torace e dell'addome, la mia « Revisione del genere *Diacamma* » in Rend. Accad. Bologna, Anno 1896-97, p. 147 e seg. — Chiamo « epinoto » il « segment médiaire » di Latreille, il quale costituisce la massima parte di quello che suol dirsi impropriamente metanoto. Il peziolo viene computato come 1.° segmento addominale. Chiamo « gastro » il complesso dei segmenti posteriori a quello o quelli che costituiscono il peziolo.

di 12 articoli con clava di 3 articoli ben distinta; dorso del
torace senza suture nella ♀; peziolo con squama grossa, nodiforme, non peduncolato in avanti, articolato a mezz'altezza del
segmento seguente; segmenti addominali 2 e 3 grandi e sub-
eguali, i seguenti brevissimi; tibie medie e posteriori con un
solo sperone; unghie semplici.

Genere affine a *Typhlomyrmex*, per la disposizione delle lamine
frontali e la struttura delle antenne; ne differisce principalmente
pel torace senza suture distinte, nella ♀. Il genere *Prionopelta*
(non ostante la forma del suo peziolo che ricorda *Amblyopone*
e generi affini) per l'assenza dello sperone esterno e per la
struttura del capo e delle antenne si avvicina anch'esso molto
a *Typhlomyrmex*.

5. R. epinotalis, n. sp.

Paumomu riv., una ♀ che mi fu mandata con alcune altre
formiche, mentre questo lavoro era già in corso di stampa.
La ♀ fu rinvenuta dal Birò e verrà descritta in altro luogo
unitamente ad una seconda specie del medesimo genere.

6. Diacamma rugosum, Guil.

Subsp. sculpturatum, F. Sm.

D. geometricum, Emery 1887, nec F. Sm.

Isola Good Enough, Hughibagu, Haveri; un esemplare di Bara
Bara tende alla forma che ho chiamato:

var. *divergens*, Emery. Rend. Accad. Sc. Bologna, 1896-97,
p. 160.

Paumomu River.

Var. *cuprea*, F. Sm.

Paumomu River.

Subsp. tortuolosum, F. Sm.

Haveri. Sotto questo nome designo una forma molto affine alla
precedente, da cui si distingue principalmente per le rughe
molto più sottili dell'addome. Essa è molto differente da quella
che determinai altra volta con lo stesso nome e che certamente
non è la specie di Smith. Si riscontri in proposito la mia recente
• Revisione del genere *Diacamma* » in Rend. Accad. Sc. Bologna,
1896-97.

Subsp. **timorense.**

Var. *nitidiventris,* Emery. Rend. Accad. Sc. Bologna, 1896-97, p. 158.

Timor Cupan. Differisce dal tipo della sottospecie pel 2.° segmento addominale levigato e lucido in avanti, segnato di strie longitudinali brevi e sottili verso il margine posteriore.

⚭ **7. Ponera (Bothroponera) obesa,** n. sp.

♀. Nera, opaca, mandibole, antenne e zampe ferrugineo scuro, estremità del flagello e tibie in parte più scuri, vestita di lunga pubescenza semieretta, più scarsa sul torace e mista di numerosi peli, più ritti sul torace, più inclinati sul capo e sull'addome. Scapo e zampe hanno pochi, ma lunghissimi peli ritti. Il capo è subquadrato, col clipeo breve, carenato e prolungato nel mezzo ad angolo rotondato; tutto il capo è fittamente punteggiato e percorso da un sistema di rughe elevate, sottili, oblique, dirette indietro e in fuori, irregolari e tendenti a confluire in reticolo; l'estremità sporgente delle lamine frontali è liscia e lucida, alquanto rossiccia; il solco frontale sottile e marginato. Le mandibole sono lucide, sparse di grossi punti, armate di 8 denti. Lo scapo è grosso, punteggiato e non raggiunge il margine posteriore del capo; il flagello è grosso, claviforme, con tutti i suoi articoli, fuorché il primo e l'ultimo, più grossi che lunghi. Torace molto largo, con le spalle rotondate; sutura mesometanotale nulla; faccia basale e declive dell'epinoto formanti un angolo ottuso e rotondato, la faccia declive lucida e sottilmente punteggiata; il resto del torace con fitta punteggiatura fondamentale, il dorso inoltre con grossi punti sparsi, tra i quali corrono rughe longitudinali irregolari, più o meno confluenti a rete, i fianchi striati. Peziolo più di due volte largo quanto è lungo, largamente incavato ad arco indietro, convesso dinnanzi; questo segmento, come tutto il resto dell'addome, è fittamente punteggiato e sparso di punti piligeri minuti ma alquanto sporgenti.

L. 9 mm.; Capo 2.3 × 2.1; torace 3.3 × 1.7; peziolo 0.8 × 1.7.

Ighibirei, un esemplare. È ben distinta da tutte le congeneri per la forma tozza, le antenne grosse, la statura mezzana e la scultura. La forma della squama ricorda *P. excavata*, Emery di Australia, ma è meno incavata posteriormente (¹).

8. Ponera stigma, F.

Var. *quadridentata*, F. Sm.

Haveri, Ighibirei. Come già rilevai nel mio lavoro del 1887, la *P. quadridentata* dello Smith non differisce specificamente dalla comunissima specie americana. Alcune differenze costanti giustificano una varietà geografica della quale darò in altro luogo più diffusa descrizione.

9. Ponera, sp. ?

Alcune ♀ ♀ appartengono a 4 diverse piccole specie che non ho creduto opportuno definire sopra così scarso materiale.

(¹) Descrivo in questa nota due nuove Botroponere della mia collezione:

P. (B.) poroala, n. sp. — ♀. Rassomiglia molto alla *B. pilivventris*, F. Sm., ma è più piccola, il clipeo è più corto e meno prolungato innanzi, le mandibole armate di 6-8 denti, tra i quali se ne vedono alcuni altri più minuti. Le antenne sono più brevi e grosse; lo scapo non raggiunge l'occipite e il flagello è grosso, claviforme, con tutti gli articoli, meno il primo e l'ultimo, più grossi che lunghi (nella *B. pilivventris*, sono in parte più lunghi che grossi). Le rughe reticolate del capo sono più sottili e molto meno lucide, la punteggiatura fondamentale più fitta. Il torace è un poco più breve, con rughe reticolate relativamente più forti. Il peziolo e i due segmenti addomiuali seguenti sono segnati di solchi regolarissimi, separati da rughe o carene taglienti, dritte e lucide. Questa scultura si estende con regolarità sui fianchi dell'addome; nella *B. pilivventris*, il peziolo e i fianchi dell'addome hanno una scultura molto più irregolare e il fondo dei solchi è alquanto lucido, mentre nella n. sp. è più opaco. L. 9 ¹/₄ mm.

N. S. Wales.

· **P. (B.) vermiculata**, n. sp. — ♀. Nera, estremità delle lamine frontali, mandibole, antenne e zampe ferruginei. Capo e torace subopachi, l'addome più o meno lucido. Capo più lungo che largo, ristretto dagli occhi in avanti; clipeo carenato, rotondato dinanzi, le lamine frontali sottili, taglienti, con la loro parte anteriore dilatata, opaca, punteggiata ; solco frontale debole, non marginato; la superficie del capo è coperta di solchi sottili, irregolari, confluenti; le mandibole sono striate, armate di 7 denti ineguali. La scultura del torace rassomiglia a quella del capo; è più ruvida di questa sul mesonoto e scutello, più debole sul pronoto; le pleure sono striate per lungo, la faccia declive dell'epinoto marginata lateralmente e striata per traverso. La squama del peziolo è più di due volte larga quanto è lunga; veduta di sopra, pare convessa in avanti e dritta indietro; di fianco, si vede invece dritta innauzi e arcuata posteriormente, è lucida, sparsa di punti, con qualche ruga. Il 2.° segmento addominale è coperto di solchi longitudinali, sottili (poco più sottili di quelli del capo), regolari, sparso di punti; in avanti, i solchi svaniscono e restano i soli punti. I segmenti seguenti sono lucidi e sottilissimamente punteggiati. Scapo e zampe punteggiati, subopachi. Pubescenza sottile, scarsa sul capo e sul torace, più copiosa sull'addome, più ancora, ma sottilissima e dorata sui membri; peli ritti fini e poco numerosi. L. 10 mm.

Tenimber (racc. da Doherty), un solo esemplare.

Generi **Belonopelta** e **Trapeziopelta**, Mayr.

Questi sono due generi tra loro vicini, il primo vicinissimo a *Ponera*, col quale andrebbe forse più opportunamente riunito come sottogenere.

Nelle *Belonopelta*, il corpo è opaco o debolmente lucido, con fitta punteggiatura, le mandibole trigone, ma allungate e capaci d'incrociarsi, armate di una serie di grandi denti, gli occhi minuti nelle ☿ ☿. Il clipeo è elevato nella sua porzione mediana, che si estende indietro tra le lamine frontali e forma in avanti una sporgenza, acuminata nella specie tipica e in qualche altra, o invece ottusa o troncata. Quest'ultima condizione si riscontra nella formica da me descritta sotto il nome di *Ponera amblyops* e poi riferita a torto al genere *Trapeziopelta*. — Alle due specie americane descritte dal Mayr si aggiungono dunque la *B. amblyops*, Emery della Birmania e delle Isole Malesi, la *B. Darwini*, For. di Australia e una specie inedita della Nuova Guinea che descriverò più oltre.

Nel genere *Trapeziopelta*, il corpo è lucidissimo, talvolta sparso di grossi punti spaziati, le mandibole sono lineari, con l'apice alquanto dilatato e armato di 3-4 denti; evvi inoltre, nel mezzo del lungo margine interno, un grosso dente. Gli occhi delle ☿ ☿ sono relativamente grandi : il clipeo offre, come nell'altro genere, una sporgenza mediana di varia forma.

Oltre al tipo del genere *T. maligna*, F. Sm. di Selebes, conosco alcune specie papuane inedite di cui due saranno qui descritte.

10. Belonopelta crassicornis, n. sp.

♀. Testacea, le zampe e l'addome più gialli, i denti delle mandibole, una macchia fra gli ocelli e i lati del mesonoto bruni; pubescenza copiosa, peli ritti brevi e scarsi; capo e torace opachi, con fittissima punteggiatura, scutello e epinoto alquanto lucidi, addome e piedi lucidi. Il capo è subrettangolare, troncato indietro con gli angoli posteriori rotondati ; le lamine frontali formano un disco rotondo, con margine brevemente ciliato, tagliato dal solco frontale, che si prolunga assottigliandosi gradatamente fino all'ocello impari. Il clipeo è breve e porta nel mezzo della sua parte posteriore una carena molto elevata, che si prolunga innanzi in punta acuta. Le mandibole hanno 7 denti ineguali ; la loro superficie è liscia, lucida, sparsa di punti minuti. Lo scapo delle antenne raggiunge appena l'occipite ; gli articoli 2-4 del flagello sono più grossi che lunghi. Il torace è poco più stretto del capo; faccia basale e declive dell'epinoto formano un angolo ottuso, fortemente rotondato. Il peziolo porta un nodo o squama largo quanto è lungo, più stretto innanzi ; veduto di sopra, apparisce rotondato dinanzi, appena concavo indietro; sul profilo, è poco più alto che lungo, col contorno anteriore leggermente concavo, il posteriore appena convesso, convergenti in alto, dove si uniscono con curva. La faccia anteriore del segmento seguente forma col dorso un angolo retto ma fortemente rotondato ; un restringimento marcato fra il 2.° e 3.° segmento. L. 4-4 ¹/₂ mm. Ali ialine con venatura e stigma pallidi.

N. G. Merid., Kapa Kapa. Si avvicina alla B. Darwini, For., ma ne differisce, secondo la descrizione, per la dimensione minore, le mandibole lucide, non striate e la forma del peziolo.

11. **Trapeziopelta Loriai**, n. sp., tav. I, fig. 1 e 2.

♀. Nera, lucidissima, con le mandibole, lamine frontali, antenne, zampe e estremità dell'addome bruni ; sparsa di lunghi peli, pubescenza riconoscibile soltanto sulla parte anteriore del capo, sulle pleure e sulle tibie. Il capo è più largo che lungo, alquanto ristretto indietro, il margine posteriore appena incavato, gli angoli posteriori rotondati; è liscio, con alcune strie vicino all'inserzione delle antenne e grossi punti piligeri foveiformi sparsi. Il clipeo forma in avanti una sporgenza più larga che lunga, coi lati paralleli, troncata innanzi e munita di due lunghe setole ; solco frontale profondo ; occhi distanti dall'articolazione delle mandibole per uno spazio eguale al loro diametro. Mandibole molto strette, appena arcuate quando si guardano dal dorso, alquanto curvate in giù; a metà circa della loro lunghezza, offrono una dilatazione che porta alla sua estremità distale un dente ; l'apice della mandibola ha tre denti ottusi. Lo scapo oltrepassa l'occipite; tutti gli articoli del flagello sono molto più lunghi che grossi. Il torace è levigato nella parte dorsale e sparso di pochi punti piligeri, molto più piccoli di quelli del capo, il basso delle pleure è rugoso, il mesonoto è breve, semilunare. Il peziolo è più lungo che largo, alto circa quanto è lungo, alquanto troncato innanzi e indietro, ma senza spigoli vivi, poco più largo dietro che avanti. L. (con le mandibole). 12 mm.; mandibole 2.3 mm.

N. Guinea S. E., Haveri; un solo esemplare. — Differisce dalla *T. maligna* (della quale devo un esemplare tipico alla cortesia del Prof. Mayr) per gli angoli posteriori del capo rotondati, la forma del clipeo, le mandibole più strette, le antenne più gracili e allungate (nella *T. maligna* lo scapo non oltrepassa l'occipite e i primi articoli del flagello sono appena più lunghi che larghi) e il peziolo più lungo che largo.

12. **T. latinoda**, n. sp., tav. I, fig. 3 e 4.

♀. Picea, lucida, le mandibole, lamine frontali, antenne, tibie, e tarsi, i margini dei segmenti addominali e l'apice di questa parte del corpo ferruginei; brevemente pelosa, capo e membri pubescenti. Il capo è subquadrato, con gli angoli posteriori rotondati, il margine posteriore subretto; è coperto di punteggiatura fina e staccata che porta la pubescenza e i peli; non vi sono grossi punti; il clipeo forma una breve sporgenza troncata e munita di alcune setole, delle quali due molto più lunghe dirette in avanti; il solco frontale si prolunga fino all'ocello impari; occhi e ocelli sono grandi, quelli occupano circa $1/4$ dei lati del capo. Le mandibole (fig. 4) sono meno strette che nelle altre specie, con 3 denti apicali e un'altro dente ai $3/5$ circa del loro margine interno; tra questo e la base, evvi un altro dente ottusissimo. La punteggiatura del torace è meno copiosa che sul capo; solo lo scutello ha molti punti; l'epinoto è troncato, con gli spigoli laterali della faccia declive marcati, ma smussati. Il peziolo porta una squama grossa e rotondeggiante, ma distintamente più larga che lunga, troncata innanzi e indietro. Le ali sono brune, con venature e stigma molto scuri. L. 7-8 mm.

N. Guinea S. E. Paumomu River, Moroka.

13. Leptogenys diminuta, F. Sm.

Haveri, Moroka. — Var. tendente a *leviceps*, Moroka.

14. L. papuana, n. sp., tav. I, fig. 5 e 6.

ℨ. La forma del capo ricorda *L. chinensis*, Mayr; ne differisce per gli occhi fortemente convessi, il clipeo che ha in ciascun lato, tra il lobo mediano e l'articolazione mandibolare, un angolo acutissimo e dentiforme, le mandibole un poco più strette e più ruvidamente striate, ma similmente conformate, cioè lineari, con l'apice tagliato obliquamente, in modo da formare un dente apicale acuto e un angolo preapicale. Il meta-epinoto non è sensibilmente più lungo del pro- e mesonoto presi insieme; la faccia declive dell'epinoto, è trasversalmente striata; del resto, capo e torace sono lucidi, sparsi di punti piligeri non grandi ed hanno riflesso ceruleo. Il peziolo porta un nodo compresso, fortemente ristretto innanzi, troncato indietro, di $^1/_3$ circa più lungo della sua larghezza massima, alquanto ruvido per alcune grosse e superficiali fossette piligere; il resto dello addome è lucidissimo, non distintamente ristretto fra 2.° e 3.° segmento. Colorazione come nella *L. chinensis*. L. 8 mm.

N. Guinea Mer. Un esemplare senza indicazione precisa di località. Il nodo peziolare è molto più allungato e compresso che nelle forme del gruppo della *L. diminuta*, ma molto meno che nelle *L. chinensis*, *Peuqueti*, ecc.

15. Platythyrea melancholica, F. Sm.

Paumomu River, Hughibagu, Ighibirei ℨ e ♀.

Credo dover riconoscere in questa formica la *Pachycondyla melancholica* dello Smith, descritta sopra esemplari dell'isola Morty. — Si avvicina molto alla *P. coxalis*, Emery ed ha, come questa, le anche posteriori fornite di breve spina; però è più grande (ℨ 6 $^1/_4$-6 $^1/_2$ mm., ♀ 6 $^2/_3$ mm.); le mandibole sono coperte di fittissima punteggiatura e affatto opache, il limite posteriore del clipeo è talvolta affatto cancellato, altre volte riconoscibile; la faccia declive dell'epinoto è marginata sui lati, ma non al limite dorsale, dove forma con la faccia basale un angolo rotondato e i denti dell'epinoto sono più sporgenti, ma meno acuti; il peziolo è un poco più tozzo. Tutto l'insetto è più opaco, i punti variolosi più grossi e forse un poco meno profondi.

16. Odontomachus tyrannicus, F. Sm.

Ighibirei, Haveri, Paumomu River, Lacumi.

La ♀ ha le ali giallognole con le vene chiare e lo stigma piceo. Nella ☿, la forma del capo varia, essendo più o meno ristretta indietro nei singoli individui.

O. nigriceps, F. Sm. non è a mio avviso che una varietà di colore dell' *O. tyrannicus;* alla medesima specie si riferisce la seguente:

Var. *testacea,* n. var.

Haveri, una sola ☿. Tutta giallo-bruno, le mandibole, antenne e zampe più chiare; capo un poco più allungato che nelle altre forme cui è d'altronde identica.

17. O. papuanus, Emery, var. concentrica, n. var.

Moroka, 1300 m. — La striatura si estende per quasi tutto il capo, indebolendosi indietro e lasciando levigato e lucido l'estremo occipite, un tratto del vertice lungo la parte posteriore del solco mediano nonchè il cercine che divide la fossa laterale dalla fossa antennale. La striatura del pronoto è longitudinale nel mezzo della parte posteriore; intorno alle strie longitudinali, corrono strie concentriche a ferro di cavallo. Colore bruno scuro, con le antenne, le zampe e i margini dei segmenti addominali più o meno chiari.

18. O. haematoda, L.

La solita piccola forma delle isole Malesi. Io sospetto che l'*O. animosus,* F. Sm. non sia altro che una var. chiara di questa specie.

19. O. sp.?

Moroka. — Sono parecchi esemplari di un grande ♂ di colore giallo pallido, con ali ialine, venatura e stigma pallidissimi. Forse spetta all' *O. papuanus.*

MYRMICINAE.

20. Myrmecina polita, n. sp.

☿. Nera, lucidissima, scapo e zampe picei, mandibole, flagello, trocanteri e tarsi ferruginei; irta di peli fini, obliqui. Mandibole con pochi punti, e con tracce di striatura. Clipeo con parte mediana rialzata e limitata in ambo i lati da spigoli marcati, sporgente in avanti come lobo troncato, ma affatto inerme. Quasi tutto il corpo è levigatissimo, senza scultura visibile, fuorché i sottili punti piligeri ; a certe incidenze di luce, si può scorgere sui lati del capo, sul torace e sul peziolo tracce debolissime di solchi longitudinali ; i fianchi del torace e del peziolo hanno rughe e solchi obliqui ; anche la base del metanoto ha poche grossissime rughe ; le spine sono lunghe, acutissime, alquanto curvate in su ; il torace non ha altri denti ; è fortemente convesso nella parte anteriore, senza tracce di suture sul dorso. Il 1.° segmento peziolare, veduto di sopra, apparisce rettangolare, più lungo che largo, il 2.° poco più largo del precedente e molto più breve. L. 2 $^2/_3$ mm.

Moroka ; due esemplari.

21. Pristomyrmex parumpunctatus, Emery.

Moroka, una ♀. Simile alla ♀, salvo le differenze solite ; i denti dell' epinoto più brevi.

22. P. levigatus, n. sp.

Woodlark una ♀. — Biró ha raccolto la medesima specie a Friedrich Wilhelmshafen. Mi propongo di descrivere queste formiche insieme ad altre piccole specie raccolte dallo stesso Biró.

23. Podomyrma ruficeps, F. Sm.

N. Guinea Mer. Bujakori, un esemplare ♀. L' addome è ferrugineo scuro, ma del resto corrisponde alla descrizione fatta dal Mayr sopra esemplari tipici.

Id. var. *gastralis,* n. var.

Differisce dal tipo per l' addome in massima parte testaceo e la mancanza della fossetta frontale. Sembra che questa forma costituisca un passaggio alla mia *P. abdominalis,* la quale potrebbe quindi essere considerata come sottospecie di *ruficeps;* però differisce da questa pel 1.° segmento peziolare inerme e per gli angoli del pronoto molto meno sporgenti e niente affatto spiniformi ([1]).

([1]) **P. Dohertyi,** n. sp. — ♀. Nera, col capo rosso sanguigno; mandibole più scure, antenne e zampe picee; lucidissima. Capo segnato di solchi régolari, separati da rughe liscie, appena ondulate ; area frontale lucidissima, nessun vestigio di fos-

24. P. silvicola, F. Sm., subsp. bicolor, n. subsp.

Paumomu River, una sola ⚥. Differisce dalla descrizione di
Mayr per la colorazione e per la faccia declive dell'epinoto
fittamente punteggiata, opaca (Mayr la dice levigata e lucida).
Capo, torace e peziolo picei, un poco rossicci in qualche parte;
mandibole, antenne e zampe più o meno ferruginei, femori e
base delle tibie più scuri; il gastro è giallo d'ocra, bruno nella
metà apicale. Il capo è segnato di rughe separate da solchi regolari sulla fronte, ondulate nelle parti laterali, e formanti un
reticolo irregolare dietro gli occhi; sulla fronte, si contano 12
rughe, delle quali le due estreme sono il prolungamento delle
lamine frontali; sul torace, le rughe sono irregolarmente longitudinali, alquanto contorte; se ne contano circa 14 sul pronoto
quando si guarda l'insetto di sopra. Gli angoli del pronoto sono
spiniformi; il mesonoto e l'epinoto inermi; il mesosterno ha una
forte punta. Il peziolo è fittamente punteggiato, con vestigia di strie
longitudinali. Il segmento basale del gastro è opaco con riflesso sericeo, che è l'effetto di strie finissime, quasi microscopiche; i margini dei segmenti seguenti hanno scultura consimile. L. 6 $\frac{1}{2}$ mm.

Credo dover riferire al genere *Podomyrma*, senza determinarne
la specie, alcuni ♂♂ di Kapakapa; sono di mezzana statura
(7-8 mm.), con antenne di 12 articoli; scapo appena più lungo
dei due articoli seguenti, presi insieme; 1.º art. del flagello
brevissimo; 2.º allungato, più lungo del 3.º; i seguenti gra-
dualmente più lunghi, ma non più grossi. Mandibole strette,
acuminate. Pronoto con spalle angolose; mesonoto grande, senza
solchi parassidiali marcati; epinoto inerme; 1.º segmento del
peziolo depresso, con faccia dorsale romboidale; 2.º allargato ad

setta frontale. Torace con solchi simili a quelli del capo, ma meno regolari;
pronoto con forti spine laterali ottuse; mesonoto ed epinoto inermi; mesopleure
senza dente. 1.º segmento del peziolo solcato; sul suo dorso, una breve carena
trasversa; in ciascun lato della sua base, un forte dente diretto in fuori; 2.º segmento liscio, bilobato; è liscio del pari tutto il resto dell'addome, senza vestigio
di strie alla base del segmento principale. Peli ritti scarsi, fini, bianchicci.
L. 11-13 mm.

Sobie (Molucche); raccolta da W. Doherty. Differisce da *P. ruficeps* principalmente per la superficie lucida, la scultura del capo più regolare, l'epinoto inerme,
i denti laterali del peziolo, e la scultura di questo e del resto dell'addome.

angolo ottuso e smussato in ciascun lato; gastro allungato, claviforme. Nelle ali anteriori, la cellula radiale è chiusa, ma contigua al margine fino all'apice; la costa trasversa radiale incontra il ramo anteriore della cubitale; una sola cellula cubitale chiusa; discoidale nulla. — Ho nella mia collezione esemplari australiani consimili ma di altre specie.

Altri ♂ ♂ del M.ᵗ Astrolabe sono molto più piccoli ($2\,^2/_3$ mm.): le antenne hanno la medesima struttura; il pronoto è privo di angoli distinti: il 1.° segmento del peziolo è compresso, il 2.° brevissimo, campaniforme. Nelle ali, come mostra la figura, la cellula radiale, non solo è chiusa, ma è interamente staccata dal margine dell' ala fin dalla sua base; il suo apice si prolunga in una piccola vena la quale si dirige obliquamente verso il margine alare che però non raggiunge. — Suppongo che questi esemplari appartengano ad un genere nuovo, certamente affine a *Podomyrma*.

25. **Vollenhovia oblonga**, F. Sm.
☿. *Myrmica oblonga*, F. Sm.
♀. *Myrmica poneroides*, F. Sm.

Credo poter riferire alla *M. poneroides*, F. Sm. alcune ♀ ♀ di Moroka, mentre d'altronde convengono bene con la descrizione della *M. oblonga* molte ☿☿ della N. Guinea tedesca delle raccolte Biró. Queste non differiscono dalla mia *V. Alluaudi* delle isole Sechelles e di Borneo, fuorchè per la statura minore. La ♀ differisce dalla ☿ per la grandezza maggiore ($4\,^1/_2$-$4\,^2/_3$ mm.), il capo più opaco e il torace tutto opaco, salvo la linea mediana. In seguito a ciò devo considerare la mia *V. levithorax* come sottospecie di *V. oblonga*. La *V. Alluaudi* e la sua var. *rufescens*, Emery sono semplici varietà della specie di Smith, che è così la più diffusa del genere.

26. **V. brevicornis**, n. sp.
☿. Picea, le mandibole brune, le zampe e antenne bruno chiaro, scapo e femori più o meno scuri. Il capo è tutto opaco, con la solita scultura del genere *Vollenhovia;* il torace è lucido, un poco meno sul davanti e sui lati, il promesonoto segnato

sulle parti laterali e in avanti di grossi punti disposti in serie, liscio nel mezzo e indietro; epinoto lucido, con sottili punti; peziolo e resto dell'addome levigato e lucido, con punti piligeri minutissimi. Le antenne sono brevi; lo scapo, ripiegato indietro, non raggiunge i $^2/_3$ della lunghezza del capo; gli articoli 2-4 del flagello sono fortemente trasversi, la clava grossa, i suoi due primi articoli un poco più larghi che lunghi. I nodi del peziolo subglobosi e quasi eguali. L. $2\,^1/_4$ mm.

Hughibagu, 3 esemplari. Differisce dalla V. *subtilis,* Emery per le antenne più corte e per la scultura del torace.

27. V. simoides, n. sp., tav. I, fig. 7 e 8.

♀. Allungata e stretta, nera, in gran parte lucida, mandibole, parte del clipeo, antenne, trocanteri, ginocchi e tarsi ferruginei; quasi senza pubescenza, ma irta di peli lunghi e non molto numerosi, anche sulle tibie. Il capo è allungato, poco meno di $^1/_8$ più lungo che largo, coi lati subparalleli nei $^2/_3$ anteriori, convergenti a linea curva nel $^1/_3$ posteriore, leggermente incavato nel mezzo del margine posteriore; esso è striato (anche il clipeo) nei $^2/_3$ anteriori, con linea mediana liscia molto stretta, liscio con pochi punti posteriormente. Mandibole liscie e lucide, con pochi e minuti punti; il loro margine esterno è quasi retto, curvato soltanto nel quarto apicale; il margine masticatorio è allungato, con 2 denti acuti all'apice e 4-5 denti più ottusi più indietro. Il clipeo offre una sporgenza angolosa in ciascun lato, al disopra dell'inserzione delle mandibole, tra le quali sporgenze, il margine anteriore è bisinuato, con parte mediana formante un lobo arcuato. Lo scapo non raggiunge i $^2/_3$ della lunghezza del capo. Torace e addome levigati e lucidi, le pleure del meso- e metatorace longitudinalmente rugose. Il peziolo è lungo quanto il resto dell'addome, i suoi due segmenti di lunghezza quasi eguale; il primo, poco meno di due volte lungo quanto è largo, porta, nel mezzo della sua lunghezza, un nodo basso e rotondato; la sua faccia ventrale ha un piccolo dente in avanti, dietro il quale è concava sul profilo; il secondo segmento è poco più largo del precedente, ovoide, con la massima larghezza un poco indietro del mezzo. L. 5 mm.

♀. Capo meno allungato che nella ♀, con striatura estesa indietro fino agli ocelli pari ; pronoto lucido, con poche strie trasverse sottili, scuto e scutello del mesonoto striati per lungo, meso- e metapleure striate, salvo l'episterno del mesotorace, postscutello liscio, epinoto con grossolane strie trasverse, interrotte nel mezzo. L. 5 ¹/₂ mm.

Moroka. — Si avvicina alla *V. longiceps*, Emery di Sumatra; ne differisce per la scultura e il capo meno allungato. La forma stretta, il lungo peziolo e il tegumento lucido impartiscono a questa specie l'abito del genere *Sima*.

28. **Monomorium edentatum**, n. sp.

♀. Picea, mandibole ferruginee, articolazioni e tarsi rossicci, lucidissima, con scarsa pubescenza semieretta, più copiosa sulle zampe, peli ritti scarsi e soltanto sul tronco. Capo poco più lungo che largo, coi lati alquanto arcuati, troncato posteriormente, estremo anteriore della fronte e guancie striate, il resto liscio con minuti punti pubigeri. Occhi piatti, mediocri, distanti dall'articolazione delle mandibole circa una volta e mezzo il loro diametro. Clipeo col margine anteriore debolmente sinuato sui lati, assai poco sporgente nel mezzo e appena intaccato sulla linea mediana, senza denti distinti ; è longitudinalmente striato nelle parti laterali, levigato nel mezzo. Le mandibole sono arcuate, armate di 4-5 denti, segnate di punti bislunghi, con qualche traccia di strie. Antenne piuttosto robuste ; lo scapo non raggiunge l'occipite ; gli articoli medii del flagello sono molto più corti che larghi ; anche i due primi articoli della clava sono appena grossi. Torace levigato, le mesopleure rugoso-punteggiate, così anche l'estremo inferiore delle metapleure (metasterno) e dei lati dell'epinoto. Promesonoto convesso, faccia basale e declive dell'epinoto ricongiunte a superficie curva, stretta e limitata lateralmente da un vestigio di spigolo smussato. Primo segmento del peziolo con nodo trasversalmente ovale, appena più alto e poco meno largo del secondo segmento che è globoso. L. 4 ¹/₂ mm.

Woodlark. Per la statura, il colore e la lucentezza rassomiglia al *M. nitidum*, F. Sm. della Nuova Zelanda, ma è ben distinto per le mandibole corte e arcuate che ricordano il genere *Hol-*

comyrmex e per il clipeo con parte mediana larga e poco sporgente, priva di denti.

29. Stenamma (Ischnomyrmex) Loriai, n. sp., tav. I, fig. 9 e 10.

☿. Picea, lucida, con la bocca, le antenne e le spine del torace ferruginee, le zampe e l'addome giallo rossiccio; pubescenza quasi nulla; tutto l'insetto è irto di peli rigidi eretti. Il capo ha i lati poco convergenti, dagli occhi in avanti; dietro gli occhi, è fortemente rotondato e prolungato in un collo che forma circa $^1/_3$ della sua lunghezza totale (senza le mandibole) ed è fortemente dilatato ad imbuto all'orlo posteriore; il capo è levigato e lucido, con rughe arcuate nella fossa antennale e alcune brevi rughe oblique ai lati del collo. Il clipeo è convesso, segnato di leggere rughe trasverse, parallele al margine anteriore, che è arcuato e alquanto impresso nel mezzo. Le mandibole sono fortemente sporgenti, finemente striate, opache, larghe, con margine masticatorio obliquo, fornito di 3-4 forti denti verso l'apice, ai quali fanno seguito altri denti minori più o meno distinti. Le lamine frontali sono sporgenti e rotondate. Le antenne gracili; i 4 ultimi articoli formano una clava ben distinta, ma poco più grossa del resto del flagello. Il torace è privo di suture distinte sul dorso, col protorace largo e robusto; si ristringe fortemente dietro il 1.° paio di stigme e quindi insensibilmente si va allargando indietro; il pronoto porta un paio di spine lunghe, acute, oblique, divergenti, alquanto flessuose ed è liscio e lucido; i segmenti seguenti sono scolpiti di rughe grossolane, oblique sui fianchi, trasverse sulla base dell'epinoto che è armato di spine lunghe, acute, ravvicinate alla base, più sottili di quelle del pronoto. Il primo segmento del peziolo è peduncolato in avanti, fornito di un nodo più breve della parte stretta anteriore; il secondo segmento è più lungo che largo, conico innanzi, più largo del precedente; entrambi, col gastro, sono levigati e lucidi. L. 9 $^1/_2$-10 mm.

♀. Capo più corto che nella ☿, collo più grosso; torace non strozzato; il disco del mesonoto si avanza fino al livello delle spine del pronoto, ed offre nel mezzo una carena ottusa; le spine sono più corte, grosse e arcuate, quelle del pronoto meno lunghe di quelle dell'epinoto ; il peziolo è molto meno allungato che nella ♀. Le ali mancano nell'unico esemplare. L. 11 mm. Moroka, 1300 m. Specie molto notevole pel lungo collo e pel torace quadrispinoso.

30. Pheidole Manteroi, n. sp.

♃. Si avvicina alla *Ph. oceanica*, Mayr (la quale si trova pure nella Nuova Guinea, raccoltavi dal Biró) ; ne differisce per i caratteri seguenti : il capo è quasi tutto opaco, anche la faccia occipitale che è striata ; esso è più allungato, con i lobi posteriori meno largamente rotondati, alquanto depressi e separati l'uno dall'altro da incisura più profonda ; impressione trasversa sul vertice debole ma distinta (appena sensibile nella *Ph. oceanica*), la fronte longitudinalmente più convessa e quindi alquanto sporgente, con rughe longitudinali più ineguali. Le antenne sono più gracili, con tutti i loro articoli distintamente più lunghi che grossi, quelli della clava lunghi e stretti, più di due volte lunghi quanto sono grossi. Il torace è più allungato, con la carena trasversa del mesonoto più debole, le spine dell'epinoto alquanto più incurvate indietro e più brevi della faccia basale ; il dorso trasversalmente rugoso, le pleure reticolate. Il peziolo è quasi come nella *Ph. oceanica*, un poco più gracile ; esso e buona parte del segmento basale del gastro sono opachi, per minuta punteggiatura ; quest'ultimo segmento ha grossi punti setigeri oblunghi. Le zampe sono più gracili che nella *Ph. oceanica*. L. 4 ¹/₂ mm.

Isola Good Enough. Un esemplare. Dedico la specie al distinto imenotterologo genovese Sig. Giacomo Mantero.

31. Ph. tetracantha, n. sp.

♃. Piceo, con le mandibole, il flagello delle antenne e i tarsi più o meno rosseggianti ; pubescenza quasi nulla, peli ritti scarsi e fini, anche sulle zampe. Il tegumento è lucido sotto la lente d'ingrandimento, anche dove offre forte scultura. Il capo è appena più lungo che largo, coi lati debolmente convergenti in avanti, i lobi occipitali largamente rotondati, separati da profonda incisura ; tra essi e il vertice, corre una profonda depressione trasversa o largo solco, dal quale si dirama indietro il solco occipitale. La scultura del capo è forte e consta di rughe longitudinali, regolarissime nella parte anteriore, fino alla depressione trasversa (18 rughe nella parte più larga della fronte); nella depressione, le rughe sono più numerose e sottili; formano un reticolo grossolano e ruvido sui lobi occipitali. Il clipeo è lucido, striato sui lati, munito di carena longitudinale mediana. Le lamine frontali sono fortemente divergenti e sono lunghe quanto lo scapo, limitando una scrobe poco profonda, dalla cui estremità posteriore, una depressione marcata, con più debole scultura discende dietro l'occhio e può accogliere il flagello dell'antenna. Le mandibole sono liscie, lucide, con due denti ottusi all'apice. Le antenne sono brevi; lo scapo non raggiunge la metà dello spazio che separa l'occhio dal margine occipitale; gli articoli medii del flagello sono più larghi che lunghi. Il torace è robusto, con la sutura pro-mesonotale indistinta; il pronoto ha due lunghe e robuste spine, fortemente divergenti e un poco curvate in basso; il mesonoto ha una sottile carena trasversa; le spine dell'epinoto sono debolmente inclinate indietro, un poco più lunghe della faccia basale. Il dorso del torace è lucido; poche rughe oblique sul promesonoto, e sulle pleure. Il 1.° segmento del peziolo ha un nodo cuneiforme, ottuso; il 2.° si prolunga in ciascun lato a cono ottuso e smussato; la base del segmento seguente è subopaca e striolata. L. 4 mm.

Ighibirei, un esemplare. Differisce dalle *Ph. sexspinosa* e *singularis*, F. Sm. per la scultura e il colore; io sospetto che questo possa essere il ♃ della *Ph. quadrispinosa*, F. Sm.

32. Ph. purpurascens, n. sp.

☿. Capo e torace opachi, bruno-ferrugineo scuro, quasi nero sul torace, con riflesso violaceo vellutato: le mandibole più chiare, il peziolo rossiccio, il gastro piceo, lucido, con riflesso ceruleo; flagello e zampe gialli, lucidi. Il capo è ovale, con gli occhi piccoli e fortemente sporgenti, le mandibole larghe, opache con denti ineguali; le antenne sono gracili e lunghe, lo scapo oltrepassa l'occipite per un buon terzo della sua lunghezza; tutti gli articoli del flagello sono ben più lunghi che grossi, la clava sottile. Il torace è allungato, con la sutura promesonotale indistinta, la mesometanotale debole; è armato di 6 spine, cioè: un paio di spine lunghe e gracili sul pronoto, curvate e dirette in alto e innanzi; un paio di spine eguali alle precedenti sull'epinoto, dirette in alto e indietro; sul mesonoto, stanno due piccole spine ritte. Il peziolo è allungato e gracile; il suo 2.° segmento più lungo che largo. L. 2 $^3/_4$ mm.

Moroka, un esemplare. È notevolissima tra le specie multispinose per la forma gracile e per la colorazione; il bruno porporino opaco e vellutato del tronco contrasta vivamente col giallo delle zampe.

Ho creduto conveniente non descrivere alcune altre *Pheidole* meno notevoli, rappresentate da esemplari unici e per lo più da operaie o femmine.

33. Crematogaster paradoxa, Emery.

Paumomu river, una ♀. La specie fu descritta sopra un esemplare di Humboldt Bay.

34. C. recurva, n. sp., tav. I, fig. 11 e 12.

♀. Picea, lucidissima, mandibole e antenne brune, clava e tarsi gialli; pubescenza aderente nulla, tutto il corpo con i membri fornito di brevi e fini peli obliqui che mancano sul dorso del torace. Capo (con le mandibole) poco meno lungo che largo, rotondato e indistintamente troncato indietro, le guance con alcune sottili strie, del resto senza scultura apparente, fuorché i punti piligeri finissimi; lamine frontali brevissime; mandibole liscie; antenne di 11 articoli, clava di 2; lo scapo oltrepassa di poco l'occipite. Il dorso del torace è depresso, senza tracce di suture; soltanto un'impressione sensibile sui lati, ma interrotta nel mezzo, segna il limite posteriore del mesonoto. Il disco del promesonoto è alquanto concavo, marginato; il suo margine è acuto lateralmente e offre in ciascun lato una spina piatta, obbliquamente ascendente e ricurva indietro; più indietro, lo stesso margine ha due denti ottusi, dei quali l'uno segna l'angolo posteriore del pronoto, l'altro appartiene al mesonoto. Il dorso dell'epinoto è trasversalmente concavo, longitudinalmente convesso, senza limite tra faccia basale e declive; le sue spine sono

brevi, fortemente divaricate. Il 1.° segmento del peziolo è brevemente cordiforme, coi lati fortemente rotondati; del 2.° segmento
è fortemente sviluppata la parte articolare che s'incastra nel
segmento precedente, il nodo è depresso superiormente, ma senza
solco longitudinale distinto. L. 2 $^1/_2$ mm.

Isola Good Enough. Un esemplare. Si distingue dal *C. tetra-
cantha,* Emery e da altra specie inedita per l'assenza d'impressione continua tra mesonoto e metanoto.

35. C. flavicornis, n. sp.

♀. Picea, lucida, parte anteriore del capo, protorace, zampe
e peziolo più o meno ferruginei, flagello, meno il 1.° articolo, e
tarsi gialli. Il capo è più largo che lungo, troncato avanti e
dietro, arcuato sui lati, levigato, con sottili strie sulle guance ;
mandibole corte, 4-dentate, un poco striate alla base ; lo scapo
delle antenne (che sono di 11 articoli) non raggiunge l'occipite;
il 1.° articolo del flagello è più lungo dei due seguenti presi
insieme ; 3.°-7.° sono un poco più grossi che lunghi ; i 3 ultimi
formano la clava, ma il primo di essi è molto minore del seguente. Il promesonoto è convesso, lucido, con deboli vestigia di
fine rughe longitudinali ; la sutura promesonotale è affatto nulla ;
il mesonoto ha in ciascun lato una distinta carena longitudinale,
le mesopleure sono alquanto rugose ; la sutura mesometanotale
è profondamente impressa ; la faccia basale dell' epinoto è longitudinalmente striata e ricongiunta ad arco con la declive concava e levigatissima. Le spine sono oblique, sottili e acuminate,
quasi dritte, più brevi della faccia basale. L' addome è levigato
e lucidissimo; il 1.° segmento del peziolo lungo all'incirca quanto
è largo, semicircolare innanzi, con angoli laterali smussati ; i lati
sono convergenti dietro l'angolo e quasi dritti ; il 2.° segmento
è piccolo, subgloboso, con solco mediano marcato. La pubescenza
è obliquamente rizzata, più lunga sulle zampe e gli scapi, scarsa
sul torace ; il tronco porta inoltre alcuni lunghi peli. L. 2-
2 $^1/_2$ mm.

Kelesi, Ighibirei, Kapa Kapa.

36. C. deformis, F. Sm.

Batavia.

Alcune ♀ ♀ e ⚲⚲ isolate di altre specie sono rimaste indeterminate.

37. Pheidologeton affinis, Jerd.

Dilo, Ighibirei, Kapa Kapa, Paumomu river.

38. Tetramorium politum, n. sp.

⚲. Nero di pece, antenne e zampe più o meno rossicce, mandibole, flagelli e tarsi ferrugineo chiaro, lucidissima ; il tronco è quasi senza pubescenza e con pochissimi lunghi peli ritti ; scapo e zampe con copiosi peli ritti, lunghi e obliqui. Capo ovale, debolmente troncato indietro, ma senz'angoli distinti, più lungo che largo ; occhi sporgenti, posti un poco innanzi la metà dei lati ; lamine frontali brevi, ma prolungantisi in un rilievo rudimentale fino al livello degli occhi ; nel mezzo della fronte, una carena ottusissima, e, sul davanti di questa parte, alcune deboli rughe ; altre più forti sulle guance ; del resto, il capo è liscio superiormente, con rughe longitudinali alla faccia ventrale ; il clipeo ha poche rughe longitudinali, delle quali una mediana più forte ; mandibole sottilmente striate e armate di 5 denti ; lo scapo delle antenne non raggiunge interamente il margine occipitale ; i segmenti medii del flagello sono un poco meno lunghi che grossi. Torace levigato, con qualche ruga sui fianchi, senza suture sul dorso, le spine dell'epinoto lunghe, dritte, oblique, più lunghe della faccia declive, le spinette che fiancheggiano l'articolazione del peziolo sono più lunghe e sottili che nelle altre specie. Il 1.° segmento peziolare è lungamente peduncolato e porta un nodo più lungo che largo, allargato indietro ; il 2.° è più largo che lungo, allargato indietro e fortemente convesso. Zampe posteriori senza speroni. L. 3 ¹/₄ mm.

Moroka, un esemplare; specie notevole, tra i veri *Tetramorium* dalle antenne di 12 articoli, per la superficie liscia, lucidissima di quasi tutto il corpo.

39. T. pacificum, Mayr, subsp. validiusculum, n. subsp.

Moroka, una ⚲, le rughe del torace meno distinte che negli esemplari raccolti dal Biró e che descriverò altrove, come tipo della sottospecie.

40. Meranoplus spinosus, F. Sm.

La diagnosi latina dello Smith è la seguente: *M. castaneo-rufus; abdomine nigro, thorace sexspinoso, abdomine ovato*. Essa si applica esattamente ad alcuni esemplari raccolti dal Biró nella Nuova Guinea tedesca, e ad una parte di quelli della raccolta Loria; ma nella descrizione inglese che segue, l'autore dice l'addome « *smooth and shining* », espressione che conviene solo agli esemplari del Biró, gli altri avendo l'addome più o meno opaco. La descrizione delle spine è poi tale che non corrisponde a nessun esemplare a me noto, ma io ritengo che questa descrizione deve essere erronea e che le spine del disco promesonotale devono essere due a ciascun angolo posteriore, riunite alla base, in modo da formare insieme un processo forcuto, e una agli angoli anteriori, munita posteriormente di un dente acuto; l'epinoto è fornito di spine sottili e dritte non menzionate dall'autore inglese. Non si può trarre alcun profitto della figura pubblicata più tardi dallo stesso autore (in Trans. ent. soc. London (3), v. 1, 1862, t. 13, f. 8) e che dovrebbe rappresentare questa specie, ma che si riferisce, senza dubbio, ad un *Procryptocerus* americano ed è totalmente discrepante dalla descrizione.

Io ritengo inoltre che il *M. armatus*, F. Sm. sia identico al *M. spinosus*. La sua provenienza da Sumatra è data con dubbio dallo Smith, e sarebbe pure possibile che provenisse da Selebes. La figura data dall'autore presenta la disposizione delle spine caratteristica della specie papuana. Le mie figure mostreranno quanto queste spine siano capaci di variare nella loro grandezza.

Io riferisco dunque al tipo del *M. spinosus* gli esemplari citati delle raccolte Biró e un esemplare di Humboldt Bay (Doherty) nella mia collezione, che differisce dai primi soltanto pel colore uniforme bruno scuro. In questa forma tipica, fronte e vertice sono levigati e lucidi, con sottile carena mediana e qualche debole vestigio di rughe longitudinali; il gastro è lucido, con sottile punteggiatura, sparso di punti più grossi che portano i lunghi peli; il torace è coperto di una rete grossolana di rughe elevate.

Sottosp. **rugifrons**, n. subsp., tav. I, fig. 13, 14 e 15.

☿. Differisce dal tipo, per la fronte e il vertice coperti di rughe longitudinali, l'addome più o meno opaco, per fitta punteggiatura. Il colore varia come nel tipo.

Paumomu river, Moroka, Ighibirei.

La lunghezza delle spine varia; in un ♀ di Kapa Kapa (fig. 15) sono molto più corte che negli altri; la spina del pronoto è poco più lunga del dente che l'accompagna e forma con esso un largo processo incavato all'apice. Anche le spine del mesonoto sono più brevi e grosse; e, col diminuire delle spine, cresce il disco promesonotale. Nel medesimo esemplare, le rughe del capo sono più numerose e tendono a confluire a rete.

41. Strumigenys Loriai, n. sp.

Hughibagu, Paumomu river.

Questa specie, rinvenuta anche dal Prof. Birò verrà descritta insieme a parecchie altre scoperte da questo collettore in una revisione delle specie australiane e indiane di questo genere.

DOLICHODERINAE.

42. Dolichoderus monoceros, n. sp., tav. I, fig. 16.

♀. Nera, mandibole, antenne e tarsi rosso-testaceo, lucida, con minuti punti piligeri, irta di peli piuttosto lunghi, pubescenza nulla. Capo convesso, rotondato indietro, un poco ristretto innanzi ; con le mandibole chiuse, il capo forma un ovale acuminato in avanti. Clipeo segnato anteriormente di una impressione mediana, cui corrisponde una incisura del margine. Mandibole armate di 12-15 piccoli denti. Occhi nel mezzo della lunghezza dei lati del capo ; lamine frontali prolungate fino al livello di essi ; antenne lunghe e gracili. Pronoto meno lucido del capo e microscopicamente reticolato, depresso, ottusamente marginato sui lati, con angoli omerali distinti, ma smussati. Il meta-epinoto s'innalza verticalmente fino dalla base, in forma di un grande corno acuminato, alquanto compresso, un po' flessuoso sul profilo e con margine anteriore e posteriore crenulato ; il contorno posteriore concavo del corno forma alla sua base, con la faccia declive dell'epinoto un angolo molto ottuso. La squama del peziolo è fortemente inclinata innanzi, debolmente convessa

avanti, fortemente dietro, con margine tagliente, impresso nel
mezzo. Le lunghe zampe sono irte di peli. L. 5 $^1/_2$-6 mm.

N. Guinea S. E., Hughibagu.

43. D. tricornis, n. sp.

♀. Simile alla precedente per la forma del capo e del meta-
epinoto. Il pronoto è più fortemente marginato e i suoi angoli
anteriori si prolungano in sporgenze ottuse orizzontali. Capo e
torace sono opachi; il primo coperto di rughe longitudinali irregolari e sparso di grossi punti a fondo lucido. Sul torace, le
rughe sono più sottili, i punti e tutta la superficie meno lucidi.
La squama è incisa superiormente nel mezzo. Parte anteriore
del pronoto e parte dell'epinoto ferruginee; del resto come
D. monoceros.

N. Guinea S. E., Paumomu river.

44. Leptomyrmex fragilis F. Sm., tav. I, fig. 17 e 18.

Formica fragilis F. Sm.

Smith descrive la ♀ delle isole Aru ed io non dubito di avere
d'innanzi a me la medesima specie; l'espressione « *petiole viewed
sideways triangular or wedge shaped* » non è esatta, se non si
ammette che l'angolo del cuneo sia quasi retto e alquanto
smussato; ma la lunghezza delle antenne, il colore, il capo ristretto a partire dagli occhi, se non escludono assolutamente la
possibilità che si tratti della piccola ♀ di un *Camponotus* del
gruppo del *C. dorycus,* pure mi fanno riconoscere con molta
probabilità nella *Formica fragilis* un *Leptomyrmex.* — Il colore
dei miei esemplari è uniformemente testaceo pallido; spesso con
una macchia bruna allungata sui lati dell'addome. Il capo è ristretto indietro a forma di cono, a partire dagli occhi e termina
strettissimo al suo estremo occipitale; questa forma è ancora
più accentuata nella presente specie che nel *L. varians* Emery,
però il capo è meno allungato e stretto che in quest'ultima
specie, alla quale maggiormente si avvicina. L. 6 $^1/_2$-7 mm.

Il ♂ è lungo 7-8 mm. Giallo-testaceo, mandibole, antenne,
femori e tibie bruni in alcuni esemplari, i tarsi pallidissimi. Il
capo è romboidale, allungato, ristretto innanzi e indietro; le
mandibole lineari, senza denti, troncate all'apice. Il pronoto

è bigibboso, con solco mediano. Il peziolo allargato d'avanti
indietro, due volte lungo quanto è largo. Femori e tibie posteriori sono flessuosi. Le ali sono affumicate con vene brune; il
ramo esterno della costa cubitale staccato dal suo tronco.
Nell' armatura genitale (fig. 17), lo stipite è semplice e peloso,
la volsella lunga e curvata ad uncino; fra stipite e volsella sporge
una lacinia stiliforme dritta, fornita di una piccola appendice
glabra.

Moroka, Bujakori, Haveri, Paumomu river.

45. **Iridomyrmex gracilis** Mayr.

Sottosp. **papuanus** n. subsp.

♀. Differisce dal tipo per la forma dell' epinoto, il cui profilo
dorsale è meno gibboso, per le zampe prive di peli ritti e per la
statura un poco minore. La squama è anche un poco più sottile.
La pubescenza è sottilissima, come nel tipo, e lascia vedere come
attraverso un velo di pruina il riflesso azzurro del tegumento.

N. Guinea mer. Kapa Kapa.

Var. *cinerea* n. var. — Due ♀♀ di Kelesi hanno una pubescenza grigia fittissima che cela affatto la superficie del tegumento; l'addome è opaco.

46. **I. nitidus** Mayr.

N. Guinea mer. Dilo. — Questi esemplari differiscono dai tipi
australiani del Mus. Godeffroy soltanto per la forma dell' epinoto il cui dorso è un poco più corto e la faccia declive più
obliqua; è differenza lievissima che non mi sembra meritare
un nome.

47. **I. scrutator** F. Sm.

Moroka, Paumomu river.

Non ho enumerato qui parecchie specie di *Iridomyrmex* rappresentate da ♀♀ isolate, alcune delle quali singolari pel capo
più o meno allungato coi lati paralleli, che per l'abito generale
ricordano il genere americano *Azteca*. L'esame anatomico dello
stomaco mostra pertanto che sono veri *Iridomyrmex*, le cui ♀♀
sono tuttavia ignote. Sospetto che sieno ospiti di piante mirme-
cofile. — Altre ♀♀ consimili egualmente papuane si trovano
nella mia collezione.

. 48. **Technomyrmex albipes** F. Sm.

Kelesi e Bujakori ☿.

49. **Tapinoma melanocephalum** F.

Kapa Kapa, Kelesi ☿.

50. **T. minutum?** Mayr.

Riferisco con dubbio a questa specie una ☿ di Dilo.

CAMPONOTINAE.

51. **Plagiolepis longipes** Jerd.

Kapa Kapa, Kalo.

52. **Oecophylla smaragdina** F. subsp. **subnitida** Emery.

53. **Prenolepis sp.?**

Alcune ☿☿ e ♀ ♀ isolate, non determinabili.

54. **Pseudolasius breviceps** Emery.

Moroka, Ighibirei, Haveri, Kapa Kapa, Rigo ♀.

Moroka, Bujakori ♂.

55. **Ps. tenuicornis** n. sp.

♀. Colore uniforme, giallo testaceo; occhi e denti delle mandibole neri. Corpo tutto vestito di copiosa pubescenza sericea brevissima, pallida e con peli ritti numerosi, anche sui membri. Capo poco più lungo che largo, con gli occhi molto più sporgenti che nel *Ps. breviceps*. Clipeo convesso, ma non carenato, col margine anteriore debolmente sinuoso; fossetta clipeale distante dalla fossa antennale, ma congiunta con essa mediante una forte depressione. Mandibole con 5 denti ineguali. Antenne più gracili che nelle altre specie. Lo scapo oltrepassa l'occipite poco meno che per $\frac{1}{5}$ della sua lunghezza; tutti gli articoli del flagello, anche i penultimi, almeno di $\frac{1}{3}$ più lunghi che grossi. Squama alquanto inclinata e cuneiforme, un poco sinuata al margine superiore. Piedi gracili. Ali debolmente affumicate, con le vene brune. — L. 9 mm.; capo + torace + peziolo 5,7; scapo 2,2; tibia post. 2,6.

Moroka, Bujakori. — Forse alcuni dei ♂ ♂ riferiti al *Ps. breviceps* appartengono a questa specie: io non ho saputo trovare differenze rilevanti.

Alcuni ♂ ♂ di Moroka son molto piccoli (3 mm.) e forniti di antenne relativamente meno gracili. Per questo fatto, mi sembra che non possano appartenere al *Ps. tenuicornis*. Però non ho creduto conveniente descriverli come nuova specie, essendo ignota la ♀ corrispondente.

56. **Camponotus dorycus** F. Sm. (typicus).
Haveri, una piccola ♀.

Subsp. **confusus** Emery.
Hughibagu — Questa forma mi era nota finora soltanto dell'Australia orientale, dove è comunissima.

Subsp. **coxalis** F. Sm.
Ighibirei, Bara Bara, Haveri.

57. **C. maculatus** F. subsp. **mitis** F. Sm.
Kapa Kapa, Rigo.

Subs. **chloroticus** n. subsp.

C. pallidus Mayr. Novara Reise, p. 28, 1865 (nec F. Sm., nec Mayr Ann. Mus. Civ. Genova, II, p. 135, 1872).

N. Guinea mer., Irupara una ♀. Comperai dal Mus. Godeffroy esemplari di questa forma provenienti dalle isole Tonga e dalla nuova Bretagna, col nome di *C. pallidus*. Ebbi pure dal Museo di Vienna un esemplare di Nicobar proveniente dal viaggio della Novara e corrispondente quindi alla specie descritta dal Mayr nel 1865, ch'egli stesso riconobbe più tardi (Verh. Z. B. Ges. Wien 1870) non essere il *C. pallidus* dello Smith.

Per la forma delle diverse parti del corpo, per la pubescenza, la scultura debolissima e i peli, si avvicina molto al *C. Kubaryi* Mayr, particolarmente gli esemplari oceanici e quello della Nuova Guinea. Quello di Nicobar è meno lucido e più distintamente reticolato. Statura massima 8 mm.; colore giallo rossiccio sporco; capo più scuro e più rosso, addome più o meno nerastro nella sua parte posteriore.

58. **C. luteiventris** n. sp.

♀ minor. Nera, con la bocca, le antenne e i piedi in parte picei, il dorso dei segmenti 2-4 dell'addome giallo chiaro; tutto il corpo è vestito copiosamente di tenue pubescenza giallognola, che però non ne cela la scultura, è inoltre fornito di lunghe

setole gialle a punta ottusa, più copiose sull'epinoto; sul mezzo
del pronoto, evvi un ciuffo di setole simili, ma più sottili, im-
piantato sopra una macchia chiara del tegumento; tutto l'insetto
è fittamente punteggiato e subopaco. Il capo è subrettangolare,
allungato, troncato indietro, con gli angoli posteriori alquanto
rotondati; esso si ristringe bruscamente innanzi agli occhi, poi
i suoi lati procedono subparalleli in avanti; gli occhi stessi sono
sporgenti e situati sopra un cercine che incomincia in avanti,
al lato delle lamine frontali, dietro l'inserzione delle antenne,
e finisce agli angoli posteriori del capo, limitando un piano che
comprende il vertice e l'occipite; le lamine frontali sono ravvicinate innanzi, divergenti, debolmente flessuose; il clipeo è ottusamente carenato, bisinuato in avanti; le mandibole sono allungate, sinuate al lato esterno, armate di 6 denti almeno; i
palpi sono più lunghi del capo. Il dorso del torace è continuo,
molto convesso nella parte anteriore, con leggiera depressione
dietro la sutura mesometanotale, al limite tra metanoto e epinoto; le parti basale e declive dell'epinoto si confondono in una
curva continua. La squama è appena più alta che grossa, convessa in avanti, piuttosto piana indietro, nodiforme. Le zampe,
scarsamente pubescenti e prive di peli ritti, hanno alcuni aculei
al margine flessorio delle tibie. — L. 10 mm.

N. Guinea S. E., Paumomu river due ⚲. — Specie singolare
pel colore dell'addome e per la forma del capo: Questo ricorda
una specie inedita dell'America centrale: si trova pure qualche
cenno della medesima struttura nella ⚲ minore del *C. ephip-
pium* F. Sm. e del *C. nasica* For. A parer mio si avvicina maggiormente a quest'ultimo.

59. C. palpatus n. sp.

⚲. Picea, lucida, mandibole almeno in parte, antenne e zampe
ferrugineo chiaro, scapo e femori più scuri, anche, trocanteri e
palpi giallo pallido, faccia ventrale dell'addome più o meno
giallognola. Capo e torace finamente reticolati, più fortemente
sulla parte anteriore del capo, con punti piligeri sparsi; questi
sono più numerosi nella ⚲ *major*, dove costituiscono sulle guance
delle fossette più grosse e allungate. Sull'addome, il reticolo

piglia aspetto di striatura trasversa sottile e delicata. Zampe e scapo con pubescenza breve, alquanto staccata, senza setole e senza spinette al margine flessorio delle tibie; peli ritti numerosi sul resto del corpo. — Nella ♀ *major,* il capo misura 3 × 3 mm. (senza le mandibole) ed è più largo indietro che innanzi, incavato posteriormente, con gli angoli fortemente rotondati, gli occhi poco dietro la metà della sua lunghezza. Nella ♀ *minor* il capo è più allungato (2,3 × 1,5) con i lati subparalleli innanzi agli occhi, il cui margine anteriore corrisponde alla metà della sua lunghezza, alquanto ristretto dietro gli occhi, troncato indietro. Il clipeo è lucido, sinuato sui lati, con lobo rotondato e distintamente carenato nella ♀ *minor;* nella ♀ *major* è subopaco, con lobo più sporgente, troncato, depresso lungo il margine anteriore, indistintamente carenato indietro. Le lamine frontali sono ravvicinate innanzi, divergenti indietro, fortemente flessuose. Mandibole fortemente arcuate, con 5 denti, finamente striate nella ♀ *major* e con punti sparsi. Palpi mascellari lunghi circa 1,8 mm. Dorso del torace continuo, fortemente arcuato; il limite tra parte basale e declive dell'epinoto segnato solo da più forte curvatura, nella ♀ *major,* una leggiera impressione fra postscutello e epinoto. Squama mediocremente alta, convessa innanzi, piana indietro, col margine superiore alquanto intaccato nella ♀ *major.*

L. ♀ *maxima* 10-11 mm. (capo 3 × 3, torace 4 × 1,7, scapo 2,8, tibia post. 2,9).

L. ♀ *minima* 8-9 mm. (capo 2,3 × 1,5, scapo 2,8, tibia post. 2,9).

♀. Colore, scultura e pubescenza della ♀ *maxima,* torace e addome variegati di ferrugineo chiaro. Capo più allungato e meno incavato indietro; squama alta, fortemente incisa di sopra. Ali ialine, giallognole verso la costa marginale, vene e stigma testaceo scuro. Femori posteriori piegati in su verso il quinto apicale.

L. 15 mm. (capo 3,2 × 2,8; scapo 3, tibia posteriore 3,6).

Moroka. 1300 m. — Appartiene al gruppo dei Camponoti capitati ed è notevole pel clipeo lobato e per la lunghezza dei palpi.

60. **C. quadriceps** F. Sm.

Moroka, Ighibirei, Mt Astrolabe, Paumomu river, Haveri, ☿ ♀.

61. **C. vitreus** F. Sm.

Rigo, Dilo, Kelesi, Waicunina e Good Enough.

62. **Calomyrmex levissimus** F. Sm.

Paumomu river.

63. **C. Albertisi** Emery.

Port Moresby. Scultura un poco più sottile che nel tipo, metanoto punteggiato, senza rughe trasverse. Simili differenze si osservano pure tra esemplari di altre specie.

64. **Echinopla australis** For. in litt.

Kapa Kapa, una ☿. Sarà descritta da Forel sopra esemplari del Queensland.

Gen. **Polyrhachis** F. Sm.

65. **P. queenslandica** Emery.

Isola Good Enough, una ☿. Le spine dell' epinoto sono un poco più lunghe che negli esemplari australiani; non ho osservato altra differenza.

66. **P. Creusa** n. sp.

☿. Nera, subopaca, con scarsissima pubescenza e pochissimi peli ritti. Capo e dorso del torace regolarmente striati per lungo e coperti di fitta e sottile punteggiatura; fianchi del torace con punteggiatura forte e confluente, parte declive dell' epinoto e tutto l' addome sottilmente punteggiati, così anche le zampe. Capo subtroncato indietro, con la massima larghezza agli angoli posteriori, occhi fortemente convessi, molto vicini a detti angoli; il clipeo è carenato, con lobo sporgente e incavato nel mezzo, con angoli acuti, dentiformi; esso è fittamente punteggiato, senza strie; lamine frontali debolmente flessuose, ravvicinate innanzi. Mandibole lucide, con punti sparsi, dorso del torace limitato da margini taglienti, alquanto rialzati intorno al pronoto; questo spigolo è inciso alle suture e si ripiega per formare, al limite tra faccia basale e declive dell' epinoto, uno spigolo interrotto nel mezzo. Sutura promesonotale fortemente marcata, mesometanotale debolissima; angoli anteriori del pronoto ottusi e seguiti da debole sinuosità; il dorso del meta-epinoto è trapeziforme e lungo meno di $^2/_3$ della sua lunghezza anteriore; i suoi angoli posteriori sono vivi e debolmente rial-zati, però senza formare denti distinti. La squama ha margine dorsale tagliente, arcuato e un poco inciso nel mezzo, sinuato sui lati che terminano con angolo o dente acuto. Il margine flessorio delle tibie ha alcuni piccoli aculei. — L. $5 \frac{1}{2}$ mm.

Ighibirei, una ♀. Una ♀ che credo dover riferire alla mede-sima specie è stata raccolta dal Birò a Friedrich Wilhelmshafen. Scultura più ruvida che nella ♀, clipeo alquanto striato, pronoto striato trasversalmente sui lati, soltanto punteggiato nel mezzo, strie convergenti ad arco sul davanti del mesonoto, margine del pronoto meno rilevato, epinoto più largo, ma conformato come nella ♀; squama più larga, con denti più acuti. — L. 8 mm.

Rassomiglia moltissimo ad una specie inedita del Queensland che ho ricevuta dal Prof. Forel sotto il nome di P. Hecuba; ne differisce principalmente per la forma diversa del meta-epinoto e per gli occhi piccoli e più sporgenti.

67. **P. inconspicua** Emery, var. **subnitens** Emery.

N. Guinea mer., Hula, una ♀. Per quanto sia azzardato de-terminare una ♀ mediante il confronto con una ♀ di diversa provenienza, riferisco questo esemplare alla varietà scoperta nel Queensland dal Podenzana.

68. **P. exarata** Emery.

Paumomu river; una ♀. Differisce dall'esemplare tipico per le strie del torace più numerose e meno grosse e per i denti del pronoto meno sporgenti.

P. relucens Latr. e affini.

Nel mio lavoro del 1887 (questi Annali, Vol. XXIV p. 230) ho definito la forma tipica della P. relucens, sulla base della figura originale di Latreille e ho dato un diagramma accurato del profilo del torace di quella forma che credetti la vera P. relucens. Più tardi, accogliendo osservazioni epistolari del Mayr che si fondavano sopra esemplari originali dello Smith, ho formolato della specie e delle sue sottospecie una sinonimia che fu pubblicata nel Catalogus hymenopterorum del v. Dalla Torre e che ho poi riprodotta nel mio recente Catalogo dei generi *Camponotus* e affini ([1]). — Ulteriori studî, e particolarmente una nuova lettura delle descrizioni dello Smith mi riconducono alle mie prime opinioni; io sono convinto che qui, come in altri casi, il Mayr si è troppo fidato di sedicenti tipi, determinati con eccessiva leggerezza dal defunto imenotterista del Museo Britannico.

P. relucens costituisce con le sue sottospecie e varietà, e con le specie *Labella, Mayri, proxima* e *sericata* un gruppo difficile, le cui forme possono essere distinte coi caratteri seguenti:

1 { Gastro lucidissimo, non pubescente . . . . *sericata* Latr.
   { Gastro opaco, o pruinoso, o sericeo 2

2 { Lamine frontali più distanti fra loro, dilatate ad angolo ritondato; epinoto con due denti acuti; scapo e zampe irti di peli. *Mayri* Rog.
   { Lamine frontali ravvicinate e appena dilatate; epinoto senza denti, o con denti rudimentali, peli delle zampe scarsi o nulli. . . 3

3 { La faccia declive dell'epinoto è ben più lunga della parte del dorso del torace che sta dietro la sutura promesonotale, e forma con essa un angolo retto; zampe oscure, con le tibie testacee.
   {   *Labella* F. Sm.
   { La faccia declive dell'epinoto non supera, o supera di poco in lunghezza la parte del dorso del torace situata indietro della sutura pro-mesonotale, formando con essa un angolo ottuso: zampe altrimenti colorate 3

4 { Faccia basale del meta-epinoto poco più larga che lunga, formante con la declive, in ciascun lato, un angolo vivo, alquanto dentiforme. . . . . *proxima* Rog.
   { Faccia basale del meta-epinoto almeno di ¹/₅ più larga che lunga: tra essa e la declive nessuna traccia d'angolo, o un angolo smussato. . . . . *relucens* Latr.

con le sottospecie seguenti:

a { Zampe rosse . . . . *b.*
  { Zampe nere . . . . *c.*

b { Più gracile; mesonoto meno di 2 volte largo quanto è lungo
  {   *Andromache* Rog.
  { Più robusta; mesonoto più che due volte largo quanto è lungo
  {   *Ithonus* F. Sm.

([1]) In: Mem. Accad. Bologna (5), Tom. 5, p. 777.

Denti laterali della squama molto più vicini alle spine che all'estremo
inferiore della squama stessa; spine della squama più distanti fra
loro (vedi fig. 20); margine dell'epinoto angoloso verso il limite
c tra faccia basale e declive . . . . *decipiens* Rog.
(con var. *australiae* Emery e *papuana* n. var.)
Margine dell'epinoto non angoloso; spine della squama più vicine
fra loro come nella *P. Andromache* (ved. fig. 19) . . . . *d.*

Torace più stretto e più ristretto indietro; angolo tra le facce basale e declive dell'epinoto più ottuso; mesonoto fortemente mar-
d ginato. . . . . *litigiosa* n. subsp.
Torace più robusto, poco ristretto indietro, angolo tra le facce basale e declive dell'epinoto poco ottuso; mesonoto appena marginato . . . . *relucens* (typica).

69. P. sericata Guér.

Paumomu river, Haveri.

70. P. relucens Latr. (typica).

Paumomu river, un esemplare.

P. relucens subsp. **Andromache** Rog., tav. I, fig. 19.

P. Hector F. Sm. 1858 (nec 1857).

P. connectens Emery 1887 (typus, excl. var.).

Kelesi, Ighibirei, Dilo, Paumomu riv., Irupara, Woodlark.

La descrizione di Smith, fatta sopra esemplari delle Isole Aru,
si applica esattamente a individui della medesima provenienza:
è particolarmente caratteristico il colore delle zampe.

P. relucens subsp. **decipiens** Rog., tav. I, fig. 20.

La forma della squama è caratteristica per questa sottospecie,
descritta particolareggiatamente dal Roger. Però io non ho veduto
nessun esemplare in cui il dente impari del dorso della squama
fosse cosi sviluppato come è detto nella descrizione originale fatta
sopra esemplari di Bacian.

Delle due varietà che riferisco a questa sottospecie, l'una è
quella che descrissi col nome di *P. connectens* var. *australiae;*
all'altra ho dato il nome di:

Var. *papuana* n. var.

Differisce dalla var. *australiae* per la statura un poco meno
robusta, la sporgenza che si osserva in ciascun lato al limite
tra parte basale e declive dell'epinoto meno marcata: la faccia

basale del meta-epinoto è poco più lunga del mesonoto (circa di ¹/₄ più lunga del mesonoto nella var. *australiae*). In entrambe le varietà, il margine dorsale della squama offre un angolo molto ottuso nella ⚥, e i denti laterali terminano a forma di cuneo anziché di punta. — Nella ♀ della var. *papuana*, il margine dorsale della squama offre nel mezzo due piccoli denti ottusi e smussati. Tutto il corpo porta una fitta pubescenza sericea fulvo-cenerognola.

Dilo, Bara Bara, Isola Good Enough.

P. relucens subsp. **litigiosa** n. subsp.

P. conneclens var. *b.* Emery 1887.

Per la forma della squama si avvicina al tipo della specie, mentre il torace meno robusto, più fortemente marginato e le spine del pronoto lunghe e molto più divergenti che non siano i lati di questo segmento ricordano *decipiens*. In tutti gli esemplari che ho visti, di diverse località della N. Guinea, il capo e il torace portano una lunga pubescenza giallognola, submetallica, mentre il gastro ha una pubescenza cenerognola breve e pruinosa che lascia trasparire la lucentezza del tegumento.

Paumomu river.

71. P. continua Emery.

N. Guinea S. E.: Paumomu river. Parecchie ⚥⚥. Differisce dal tipo unico di Ternate, per i margini del torace più sensibilmente elevati e la squama ordinariamente più larga, con le spine un poco più distanti l'una dall'altra: però, a questo riguardo, osservo una notevole variabilità. Oltre ai caratteri noverati nella mia descrizione del 1887, la specie è distinta per la forma particolare del capo, che ha i lati paralleli, e, dietro gli occhi, offre un rilievo o cercine longitudinale che si estende fino agli angoli posteriori; questi sono meno rotondati che nelle altre specie che rassomigliano ad essa. Per questo carattere, la *P. continua* ricorda la *P. abrupta* Mayr; però, in quest'ultima, il cercine è più marcato e forma in avanti una sporgenza che sostiene il lato esterno dell'occhio: di cosiffatta sporgenza, la *P. continua* non offre che un debole vestigio.

Var. *procera* n. var.

Due ☿☿ e alcune ♀ ♀ di Haveri sono più grandi e con striatura del capo e del torace più marcata. — L. ☿ 11-12 mm. ;
♀ 13-14 mm.

72. P. levior Rog.

Moroka, Rigo, Kapa Kapa.

73. P. rastellata Latr.

Paumomu river, Haveri, Ighibirei, Kapa Kapa, Dilo, Vaicunina.

74. P. bellicosa F. Sm.

Paumomu river, Haveri, Bujakori, Bara Bara, Isola Good Enough.

75. P. Lachesis Forel n. sp. ([1]).

sottosp. **maeandrifera** n. subsp.

Paumomu river, una sola ☿. Differisce dal tipo per la scultura del capo e del torace più rude, costituita da rughe
meandriformi estremamente contorte, pel gastro rivestito di una
pubescenza sericea bruna che cela la chitina.

Gruppo della *P. Guerini*.

Le operarie delle specie a me note di questo gruppo possono essere
distinte per mezzo dei caratteri espressi nella tabella seguente:

1 { Lamine frontali formanti uno scudo ovale, sotto il quale sono inserite le antenne . . . . *scutulata* F. Sm.
Lamine frontali conformate in altra guisa 2

([1]) **P. Lachesis** n. sp. — Voisine de *Schencki* For. ☿. L. 6,7 - 7,3 mm. Epistome fortement caréné. Arêtes frontales peu divergentes derrière (moins que chez *Ammon*
et *Schencki*). Pronotum a peine plus large que le métanotum, en trapèze élargi
devant, avec les deux angles antérieurs assez proéminents, lamelliformes, concaves en dessus (bien plus que chez *Ammon* et *Schencki*). Dos du thorax médiocrement convexe d'avant en arrière, nullement convexe de droite à gauche, fortement bordé, avec les sutures distinctes. Epines du métanotum un peu plus faibles
que chez *Ammon*, celles de l'écaille beaucoup plus courtes, comme chez *Schencki*.
Ecaille à peu près comme chez la *P. Schencki*, un peu plus haute. La fourmi entière plus étroite et plus grêle que ses deux voisines. Scapes déprimés, mais non
dilatés. Densément réticulée, ponctuée et mate. Ecaille faiblement chagrinée et
luisante. Abdomen très luisant, finement et éparsement ponctué. De gros points
épars, effacés sur la tête et le thorax. Pattes et scapes subopaques, finement chagrinés. Sur les côtés du thorax, les réticulations deviennent un peu longitudinales.
— Sur tout le corps, et les pattes, une pilosité courte, épaisse et raide assez obtuse et fort éparse, plus épaisse que chez la *P. Schencki*, et en outre une pubescence courte, jaunâtre et très diluée. La pilosité rappelle celle des *Leptothorax*.
D'un brun noirâtre ou ferrugineux; abdomen d'un brun marron ou roussâtre.
Mackay, Queensland (M. Turner). Peut être simple grande race de la *P. Schencki*.

(D.ʳ A. FOREL).

Squama del peziolo con una punta impari, oltre le due spine arcuate . . . . *Heinlethi* For.

2   (e due specie papuane inedite che descriverò coi
nomi di *P. laciniata* e *argenteo-signala*).

Squama senza spina impari 3

Gastro striato . . . . *hostilis* F. Sm.

3   Gastro liscio o con scultura diversa 4

Torace con larghi margini rialzati e lucidi o anche tutto lucido; il pronoto liscio o con rughe scarse e spaziate, di rado tutto striato. 5

4   Torace con margini rialzati per lo più stretti, o anche poco marcati; pronoto tutto (talvolta eccetto il margine) ricoperto di fitta
scultura 8

Torace tutto liscio, cosi anche la faccia declive dell'epinoto . 6

5   Torace in parte striato; faccia declive dell'epinoto trasversalmente
striata 7

Spine dell'epinoto più lunghe della distanza che separa le loro basi;
angoli anteriori del pronoto acuti; gastro pubescente. *Loriai* n. sp.

6   Spine dell'epinoto meno lunghe della distanza che separa le loro basi;
angoli del pronoto smussati; gastro lucido, nudo. *subcyanea* n. sp.

Pronoto tutto striato, dorso della squama non striato. *limbata* n. sp.

Pronoto solo in parte rugoso, dorso della squama trasversalmente

7   striato; gastro con pubescenza sericea fulva . . *eurynota* n. sp.

Pronoto liscio; squama con poche strie posteriormente; gastro lucido,
cerulescente . . . . *coerulescens* n. sp.

Gastro lucido con forti punti piligeri; tutto l'insetto irto di lunghis-

8   simi peli . . . . *punctiventris* Mayr.

Gastro opaco, o pure vestito di fitta pubescenza . . . 9

Faccia declive dell'epinoto striata trasversalmente con molta rego-

9   larità . . . . *contemta* Mayr.

Faccia declive dell'epinoto non distintamente striata . . . 10

Il gastro ha un riflesso sericeo, dovuto principalmente alla scultura,
e sul quale la pubescenza forma una fascia mediana bruna più o

10   meno distinta . . . . *Hookeri* Lowne.
             (con subsp. *Lownei* For. e *obscura* For.).

Gastro vestito di fitta pubescenza sericea 11

Angoli anteriori del pronoto distinti ma smussati (specie di Borneo

11   e Sumatra) . . . . *arcuata* Guill. (¹).

Angoli del pronoto acuti, dentiformi (specie australiane e papuane) 12

(¹) A questa specie si riferiscono come sinonimi *P. latifrons* Rog. e *Modigliani*
Emery.

12 {
Pubescenza grigia, fitta, non splendente, quasi uniforme su tutto il corpo . . . . *Gab* For.

Pubescenza molto più fitta sul gastro che sulle altre parti, per lo più con splendore sericeo e di colore diverso 13

13 {
Margini del torace più larghi, con lobo laterale della base del metanoto più lungo che largo; spine dell'epinoto fortemente curvate e piatte . . . . *appendiculata* Emery.

Base del metanoto con lobo breve; spine poco curvate . . 14

14 {
Torace fortemente ristretto alla sutura mesometanotale, striato e con scarsissima pubescenza; alla base del gastro, la pubescenza lascia riconoscere la scultura . . . . *constricta* n. sp. (¹).

Torace meno ristretto alla sutura mesometanotale e coperto di pubescenza più fitta; gastro tutto vestito di pubescenza sericea. 15

15 {
Margine laterale del mesonoto sinuato; scapo meno lungo; capo più ritondato indietro, con gli occhi più piccoli, sensibilmente distanti dall'angolo posteriore (tav. I, fig. 30) . . . . . *aurea* Mayr.
(con var. *vermiculosa, pallescens, obtusa* e *depilis* e subsp. *lata* e *costulata*).

Margine laterale del mesonoto non sinuato (tav. I, fig. 28); scapo più lungo; occhi più grandi, situati quasi agli angoli posteriori del capo che è meno ritondato indietro (fig. 29) *Guerini* Rog. (*exul* Emery).

76. P. hostilis F. Sm. var. *villosa* n. var., tav. I, fig. 22 e 23. N. Guinea S. E. Moroka, una ⚥. Conviene esattamente con la descrizione che Mayr ha dato di un esemplare tipico di *P. hostilis* e con ragguagli e disegni inediti che devo alla cortesia

( ) **P. constricta** n. sp. — ⚥. Nera, subopaca, sparsa di lunghe e sottili setole, scapo e zampe quasi senza peli ritti (qua e là qualche breve setola). Capo e torace sono coperti di strie regolari, longitudinali, le coste che separano le strie sono alquanto scabre, per numerosi punti che portano una peluria grigia, non molto fitta nella parte anteriore, più fitta e bronzina indietro. Il capo è conformato come nella *P. aurea*, il clipeo anche più fortemente sporgente nella sua parte mediana in avanti. Il torace è largo in avanti quanto il capo, con gli angoli del pronoto acutissimi e sporgenti innanzi, in forma di robusti denti; si ristringe poi gradatamente fino alla sutura mesometanotale, dove è fortemente strozzato; ha margini laterali acuti, ma poco elevati, incisi alla sutura promesonotale, sinuati nel mezzo di ciascuno dei due segmenti: pronoto e mesonoto sono trapezoidi, il margine posteriore del mesonoto misura circa la metà dell'anteriore del pronoto; la lunghezza dei due segmenti presi insieme è poco maggiore della larghezza massima del pronoto. Il metanoto ha i lobi laterali debolmente sviluppati; le spine dell'epinoto sono divergenti, flessuose, robuste, poco arcuate alla base. Le spine della squama sono meno divergenti che nella *P. aurea*. L. 5 ¾₁, tav. I, fig. 21.

Queensland, raccolta dal Podenzana; un esemplare nella mia collezione. — Distinta da *P. Guerini* e affini principalmente per la mancanza di setole ritte sui membri, e la forma più stretta del torace.

dello stesso. La varietà differisce per la pubescenza lunga e copiosa, di colore cenerino sericeo, che ricopre tutto il torace, celando alquanto la scultura.

Una ♀ della N. Guinea, senza località precisa, nella mia collezione ha anche il capo coperto di pubescenza sericea, però meno fitta di quella del torace.

La formica che noverai sotto il nome di *P. hostilis* in questi Annali (Ser. 2.ª, IV, 1887, p. 229) appartiene invece ad una specie nuova che descrivo qui col nome di:

77. **P. limbata** n. sp., tav. I, fig. 24.

P. hostilis Emery 1887, nec F. Sm.

☿. Per la forma del corpo si avvicina alla *P. coerulescens*, da cui differisce sopratutto per la scultura e la pubescenza. Il capo è meno corto, l'angolo sporgente delle lamine frontali più ottuso, i lati del torace più dritti, i margini del pronoto alquanto meno larghi. Tutto il capo è regolarmente striato; anche il dorso del torace, ad eccezione dei margini, è striato per lungo, ma meno profondamente e meno regolarmente, la faccia declive dell'epinoto è striata per traverso. Il peziolo e il gastro sono fittamente punteggiati. I fianchi del torace longitudinalmente rugosi. Tutto l'insetto è irto di lunghi peli; capo e torace hanno inoltre scarsa pubescenza giallognola, più fitta sull'addome (in parte soltanto conservata nell'unico esemplare).

N. Guinea, Sorong, raccolta da L. M. D'Albertis (Museo Civico di Genova).

78. **P. Loriai** n. sp., tav. I, fig. 25.

☿. Nera, con leggero riflesso bronzino o violaceo, sul capo, sul torace e sul peziolo che sono lucidissimi e privi di pubescenza; gastro con pubescenza brevissima, ma copiosa, bronzina, che nasce da fitta punteggiatura; qua e là pochi peli ritti che mancano poi sui membri. Capo subemisferico, inferiormente con due carene longitudinali laterali: clipeo come nelle *P. Guerini* e *aurea*, con lobo mediano sporgente, stretto e inciso all'estremità; lamine frontali ravvicinate tra loro verso l'inserzione delle antenne, debolmente divergenti da quel punto in avanti, più fortemente indietro per formare poi un angolo sporgente, ottuso e smussato; occhi non molto sporgenti. Le mandibole sono sottilmente striate, il clipeo con punteggiatura fina e irregolare, le guancie e i lati del capo con punti e rughe irregolari, il resto del capo quasi liscio e lucidissimo. Il torace è largo, il pronoto di figura semilunare, con larghi margini laterali laminari; margine anteriore meno largo, interrotto nel mezzo; l'incontro dei margini laterali convessi col margine anteriore concavo forma angoli acutissimi, non dentiformi; gli angoli posteriori sono ritondati e limitano una profonda incisura, corrispondente alla sutura promesonotale. Il mesonoto è sottilmente marginato sui lati; la sutura meso-metanotale è affatto nulla e il suo posto è segnato da un'incisura del margine laterale; il metanoto non ha lobi laterali distinti e i suoi lati si prolungano indietro con le spine dell'epinoto, parallele, orizzontali, quasi rette, rotonde, acute, lunghissime, cioè lunghe quanto il torace meno il pronoto e giungenti fino a metà del segmento basale del gastro; le faccie basale e declive si uniscono ad arco, senza limite distinto. Il peziolo ha una faccia dorsale continua con la faccia posteriore, mentre forma con la faccia anteriore uno spigolo distinto: le spine arcuate della squama hanno la forma consueta. L. 7 - 7 ¹/₂ mm.

N. Guinea S. E. Paumomu river.

79. **P. subcyanea** n. sp.

☿. Nera, lucida, con leggero riflesso violaceo: irta di peli giallognoli, scarsi sul torace, copiosi altrove; pubescenza scarsissima. Forma e scultura del capo quasi come nella precedente, rughe dei lati più regolari e numerose, lamine frontali più distanti in avanti e formanti dietro le antenne un lobo meno sporgente e fortemente ritondato. Torace più largo che nella specie precedente; il pronoto è breve, trapeziforme, più che due volte largo quanto è lungo, coi margini laterali laminari, debolmente convergenti indietro, il margine anteriore elevato, largamente interrotto nel mezzo, gli angoli anteriori smussati, i posteriori ritondati; è separato dal mesonoto da profonda incisura dei margini; mesonoto trasverso, con margine sottile; sutura mesometanotale nulla, ma il suo luogo segnato da profonde incisure laterali. Il margine laterale tagliente del metanoto si prolunga lungo le

✦

spine dell'epinoto, le quali hanno sezione trigona alla base, e sono orizzontali, appena divergenti, poco più lunghe della faccia basale del meta-epinoto; questa si continua senza limite con la faccia declive. Lo spigolo tra faccia dorsale e anteriore délla squama è fortemente ritondato; le spine sottili e poco curvate. L. 6 mm.

N. Guinea S. E. Paumomu river, un solo esemplare. È ben distinta dalla *P. Loriai* per la forma delle lamine frontali e del torace, i peli ritti e l'addome privo di pubescenza sericea.

80. **P. eurynota** n. sp., tav. I, fig. 26 e 27.

⚥ Nera, con riflesso pruinoso ceruleo, negli esemplari perfettamente puliti, con peli fulvi, scarsi sul torace, numerosi altrove e con scarsa pubescenza; il gastro è coperto di pelliccia dorata. La forma del capo è come nelle precedenti, le lamine frontali più distanti fra loro che in questa specie, e con lobo angolare più sviluppato, quasi come nella *P. hostilis*. Tutto il capo, compreso il clipeo, è regolarmente striato per lungo. Il torace è largo, con margini laterali foliacei, interrotti da profonde incisure tra i singoli segmenti; questi margini sono molto larghi, specialmente quelli del pronoto, dove la somma dei due lembi laterali forma più di $1/_3$ della superficie totale del segmento; il margine anteriore è anch'esso fortemente elevato, interrotto nel mezzo. I margini sono lisci e lucidi; il resto del dorso offre rughe elevate, interrotte e alquanto flessuose, disposte a semicerchio sul pronoto, longitudinalmente sul mesonoto, trasversalmente sul meta-epinoto; i fianchi hanno rughe longitudinali. Il pronoto è fortemente trasverso, con angoli anteriori prolungati in punta o spina acutissima; gli angoli posteriori del pronoto e quelli del mesonoto sono smussati; le spine dell'epinoto sono prolungamento del margine laterale e, come tali, offrono un orlo tagliente e sono scanalate sulla loro faccia dorsale per più di metà della loro lunghezza; sono fortemente divergenti alla loro base e arcuate; l'estremità alquanto flessuosa (a corno di bue) è acutissima. La squama è trasversalmente striata, con la faccia dorsale terminata da spigolo vivo in avanti, le spine sottili, piatte alla base. Il gastro è coperto di fitta pubescenza dorata,

salva la base del segmento basale che è nuda e trasversalmente
striata.

N. Guinea S. E. Moroka, 1300 m. s. m.

81. P. coerulescens, n. sp.

☿. Nera, lucida, con splendido riflesso ceruleo, negli esemplari
freschi; irta di peli bianchi finissimi; pubescenza quasi nulla
sul tronco. È molto affine alla *P. eurynota* da cui differisce per
i caratteri seguenti: il capo è striato, ma il clipeo non ha strie
ed è densamente pubescente; il lobo delle lamine frontali è
meno sviluppato; gli occhi sono più sporgenti, che nelle 3 specie
precedenti; il torace ha margini meno larghi che nella *P. eurynota* (i due margini del pronoto fanno poco più di $^1/_4$ della superficie totale), gli angoli anteriori sono meno prolungati e meno
acuti; le spine dell'epinoto sono molto meno curvate, meno divergenti e non scanalate, ma a sezione rotonda; il dorso del
pronoto non ha rughe riconoscibili, sul mesonoto vi sono rughe
longitudinali staccate, la faccia declive dell'epinoto è trasversalmente rugosa, mentre la faccia basale è liscia; la squama
non ha strie, la sua faccia dorsale non è piana e forma con la
faccia anteriore uno spigolo smussato; le sue spine hanno sezione rotonda. Il gastro è lucido, cerulescente, senza pubescenza.
L. 6 mm.

Moroka.

Le *P. hostilis, marginata, Loriai, subcyanea, eurynota* e *coerulescens* costituiscono un gruppo naturale di forme fra loro molto
affini e dotate di una *facies* particolare caratteristica.

Polyrhachis Guerini Rog. e aurea Mayr.

Nel suo importante lavoro sulla formiche australiane (Die austra-
lischen Formiciden, in: Journ. Mus. Godefroy, v. 12, 1876, p. 73),
il Mayr ha descritto sotto i nomi di var. *aurea, vermiculosa* e *pallescens* tre forme fra loro molto vicine, attribuendole come varietà, alla *P. Guerini* Rog. — Nello studiare alcuni esemplari
australiani e papuani, mi sorse il dubbio che le formiche descritte dal Roger e dal Mayr appartenessero a specie differenti.
Il sig. P. Lesne del Museum di Parigi ebbe la somma genti-

lezza di esaminare il tipo unico della *P. Guerini*, del quale m'inviava pure un disegno (tav. I, fig. 28) e di confrontare con esso vari esemplari, segnalandomi le differenze osservate. Dalla nostra corrispondenza risulta che la specie del Roger è notevolmente diversa dalle forme descritte dal Mayr ed è simile invece a quella specie della Nuova Caledonia che descrissi col nome di *P. exul*. Essa differisce dalla specie di Mayr (che dovrà quindi prendere il nome di *P. aurea*), non solo per la scultura del torace, già notata dal mirmecologo viennese, ma particolarmente pel margine del mesonoto continuo (fig. 28) e integro, per lo scapo delle antenne molto più lungo è gracile e per gli occhi più grandi e collocati più indietro (tav. I, fig. 29 da confrontarsi con la fig. 30 che rappresenta il capo di *P. aurea*). Nel tipo del Museum, le spine dell'epinoto sono distintamente flessuose e il margine laterale del pronoto è sinuato innanzi all'angolo posteriore: questi due caratteri si riscontrano solo di rado negli esemplari della Nuova Caledonia, i quali hanno d'ordinario il margine del pronoto integro e le spine quasi dritte e un poco meno lunghe; però si osservano frequenti variazioni in queste parti e le differenze sono tanto lievi, da non giustificare neppure l'istituzione di una varietà.

La *P. exul* Emery deve dunque essere considerata come sinonimo di *P. Guerini* Rog. Se il tipo della specie di Roger provenga realmente dall'Australia, o se l'etichetta sia sbagliata, è cosa impossibile a stabilire. Io ho ricevuto questa specie solo dalla Nuova Caledonia, dove fu rinvenuta da diversi collettori; vi sembra comune ed è forse la sola specie del genere che abiti quelle isole.

82. **P. aurea** Mayr., var. *obtusa* n. var. (¹).

Gli esemplari della Nuova Guinea differiscono dal tipo australiano per la scultura del torace meno fitta e che costituisce

---

(¹) Altra nuova varietà è la seguente:

Var. *depilis* n. var. — molto vicina a var. *pallescens* Mayr, da cui differisce pel torace più regolarmente striato per lungo e per i peli dei membri molto scarsi. — Queensland (Podenzana). — Sembra accennare ad un passaggio verso la *P. constricta* descritta sopra a pag. 584.

delle rughe longitudinali sinuose più regolari. I margini del pronoto e mesonoto sono meno sinuosi, gli angoli anteriori del pronoto non spiniformi. La pubescenza è come nel tipo.

Haveri, Kapa Kapa. — Humboldt Bay nella mia collezione.

Due esemplari della N. Guinea mer., Irupara, fanno passaggio per la scultura del torace e la piccola statura alla sottospecie seguente, mentre, per la fitta pubescenza, si avvicinano al tipo.

Subsp. **costulata** n. subsp.

☿. È più piccola del tipo e col torace un poco più largo, col mesonoto meno ristretto, per cui rassomiglia un poco alla sottosp. *lata* Emery. Differisce dalle altre forme della specie per la scultura del torace, costituita da rughe longitudinali elevate, alquanto ondulate, subparallele, separate da un fondo alquanto lucido; sul pronoto, le rughe si ricongiungono più o meno regolarmente ad arco. La pubescenza, copiosa sull'epinoto, è invece scarsissima sul resto del dorso e lascia scoperta la scultura. Il capo è longitudinalmente rugoso, con rughe fitte molto più di quelle del torace e pubescenza più densa. I margini del torace offrono le stesse sinuosità, come nel tipo; le spine dell'epinoto sono relativamente brevi, fortemente curvate alla base, poco o niente flessuose, molto più deboli che nella subsp. *lata*. La pubescenza dorata del gastro è meno densa che nel tipo della specie. L. 4 $1/_2$ mm.

N. Guinea S. E. senza località indicata. — Un esemplare di Halmahera (Doherty) nella mia collezione.

83. P. Atropos F. Sm.

N. Guinea S. E. Haveri, una ☿.

84. P. Clio For.

Dilo, una ☿. Non differisce dai tipi del Queensland ricevuti dall'autore.

85. P. sexspinosa Latr..

Questa specie è molto variabile, nella scultura e nella direzione delle spine. Una parte delle sue variazioni fu già studiata da me in questi Annali (Vol. XXIV, 1887, p. 236). L'esame del materiale raccolto dal Loria mostra che questa variabilità è ancora più rilevante di quanto avevo riconosciuto; talune forme ricongiungono la *P. sexspinosa* con l'affine *rugifrons* F. Sm. in tal modo che non è più possibile conservare a questa il valore di specie. Ecco la determinazione degli esemplari:

Typus ⚥. Scultura del capo meno ruvida, che sparisce sotto la densa pubescenza. Capo mediocremente allungato (3,5 × 2,2 mm. senza le mandibole). Spine dell'epinoto quasi verticali.

Paumomu river, Haveri.

Var. *reclinata* Emery.

Differisce dal tipo per le spine dell'epinoto dritte ma non inclinate indietro.

Paumomu river, Bara Bara.

Var. *esuriens* n. var.

⚥. Scultura meno ruvida che nella sottosp. *rugifrons*, più che nel tipo. Spina inferiore del mesotorace acuta; spine dell'epinoto inclinate. Capo più allungato (3,5 × 2,0), fortemente ristretto indietro, col margine occipitale assai debolmente rilevato.

N. Guinea mer., senza precisa località; riferisco alla medesima forma una ♀ di Hughibagu.

Sottosp. **rugifrons** F. Sm.

Woodlark; N. Guinea mer. Kamali.

Altri esemplari dell'Is. Good Enough e di Paumomu river sono più grandi, con pubescenza sericea più densa e qualcuno con spina inferiore del mesotorace ben sviluppata. Fanno passaggio al tipo della specie.

Una ⚥ di Halmahera nella mia collezione è notevole per le spine brevi e robuste.

86. P. bubastes F. Sm.

N. Guinea S. E. Haveri, una ⚥. La *P. spinosa* Mayr differisce dalla *P. bubastes* per caratteri che mi sembrano insufficienti a giustificare una specie. L'esemplare che ho d'innanzi (come quello che descrissi nel mio lavoro del 1887 è in qualche modo intermedio fra le due forme, avendo esso le spine inferiori del mesotorace come nella prima, le spine dell'epinoto inclinate come nella seconda.

87. P. variolosa Emery.

Paumomu river, Haveri.

88. P. Melpomene n. sp.

♀. Nera, opaca, l'addome con lievissimo riflesso bronzino, coperta di pubescenza brevissima, pruinosa, grigia, con peli ritti finissimi e copiosi, anche sui membri; coscie e tibie ferrugineoscuro, palpi testacei. Capo ovale, ritondato indietro, tutto sottilmente e regolarmente striato per lungo, le strie convergenti verso l'occipite, oblique sulle guancie, separate da costole taglienti, liscie; il fondo delle strie punteggiato. Mandibole lucide, striate alla base. Clipeo non striato, con lobo troncato e dentellato; esso è gibboso, subcarenato nel mezzo, depresso innanzi. Le lamine frontali sono ravvicinate fra loro in avanti, fortemente dilatate ad angolo, poco oltre la metà della loro lunghezza. Occhi grandi, poco dietro la metà dei lati del capo. Torace non marginato, con dorso depresso a sella nel mezzo; pronoto con spine acutissime, divergenti, un poco deflesse, di sezione trigona, con superficie dorsale limitata da spigoli vivi; le spine dell'epinoto sono orizzontali, divergenti, rotonde, acutissime, poco più lunghe di quelle del pronoto, lunghe quasi quanto la faccia basale del meta-epinoto. Tutto il torace è finamente striato; le strie sono trasversali sul collo del pronoto, longitudinali sul resto del segmento, divergendo un poco in avanti, per prolungarsi sulle spine, trasversali sul mesonoto e sulla faccia declive dell'epinoto, longitudinali sulla base di questo segmento, oblique sui fianchi del torace. La squama è trasversalmente striata, più alta che lunga, troncata sopra; gli angoli posteriori della sua faccia dorsale si prolungano con le spine orizzontali, alquanto arcuate, lunghe poco meno dell'intervallo che separa le loro basi. Il gastro è sottilmente punteggiato-reticolato, con punti piligeri sparsi. L. 9-10 mm.

Nella ♀, le spine sono più corte e più grosse; tutto l'epinoto è trasversalmente striato.

N. Guinea S. E., Haveri due ♀♀ e una ♀.

89. P. argentea Mayr.

Ighibirei una ♀.

90. P. bicolor F Sm. Var. *nigripes* n. var.

Paumomu river una ♀. Differisce dal tipo per le zampe nere.

La medesima varietà trovasi pure a Giava e nelle Isole Filippine.

91. P. dives F. Sm.

Haveri, Dilo e altra località incerta.

92. P. mucronata F. Sm.

Haveri.

SPIEGAZIONE DELLE FIGURE

Tav. I.

1. *Trapeziopelta Loriai* ⚥ capo veduto di sopra.
2. — — — mandibola sinistra, dalla faccia laterale.
3. *T. latinoda* ♀ capo, di sopra.
4. — — — mandibola sinistra, dalla faccia laterale.
5. *Leptogenys papuana* ⚥ capo.
6. — — — peziolo.
7. *Vollenhovia simoides* ⚥ veduta di sopra.
8. — — — — di profilo.
9. *Ischnomyrmex Loriai* ⚥ veduta di sopra.
10. — — — — di profilo.
11. *Crematogaster recurva* ⚥ torace e peziolo, di sopra.
12. — — — profilo dorsale del torace.
13 - 15. *Meranoplus spinosus* ⚥ torace di tre diversi esemplari.
16. *Dolichoderus monoceros* ⚥ di profilo.
17. *Leptomyrmex fragilis* ⚥ capo.
18. — — ♂ armatura genitale (preparato microscopico: le singole parti sono alquanto dislocate).
19. *Polyrhachis relucens* subsp. *Andromache* ⚥ squama.
20. — — — *decipiens* var. *papuana* ⚥ squama.
21. *P. constricta* ⚥ torace.
22. *P. hostilis* var. *villosa* ⚥ capo.
23. — — — — — metà del torace e peziolo.
24. *P. limbata* ⚥ metà del torace e peziolo.
25. *P. Loriai* ⚥ torace e squama.
26. *P. eurynota* ⚥ capo.
27. — — — torace e squama.

28. *P. Guerini* ⚲ , tipo del Museo di Parigi: torace (riproduzione di un disegno del sig. P. Lesne).

29. *P. Guerini* ⚲ , esemplare della Nuova Caledonia; capo.

30. *P. aurea*, forma tipica ⚲ ; capo.

———————

Estratto dagli Annali del Museo Civico di Storia Naturale di Genova
Serie 2.ª, Vol. XVIII (XXXVIII) 22 Novembre 1897.

———————

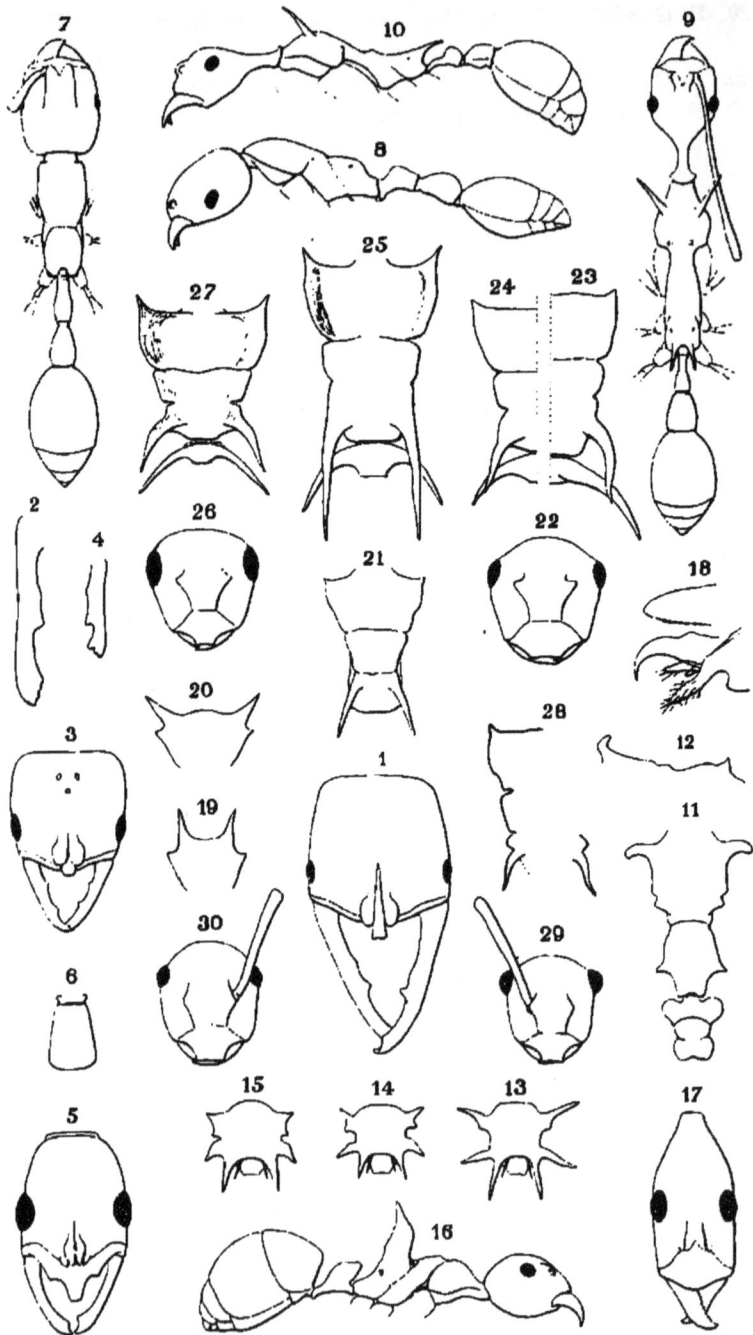

www.ingramcontent.com/pod-product-compliance
Lightning Source LLC
Chambersburg PA
CBHW031818090426
42739CB00008B/1325